KB209482

남성과 함께하는 페미니즘

남성과 함께하는 페미니즘

이한 지음

페미니즘은
어떻게
남성성의 대안이
되는가

동아시아

책을 펴내며

포기하지 않을 용기

2017년부터 '남성과 함께하는 페미니즘' 활동을 했다. 도대체 페미니즘이 무엇인지 알아보려고 페미니즘 책을 찾아 읽다가 도저히 책만 읽고 앉아 있을 수 없어서 조금씩이라도 무언가 할 수 있는 활동을 찾아 나선 게 시작이었다. 그렇게 집회에 참여하고 교육에 뛰어들면서 들었던 고민과 생각을 글로 썼다. 불행인지 다행인지 세상은 이런 사람과 글을 낯설어하면서도 흥미롭게 여겨 과분한 기회로 다양한 지면에 글을 실을 수 있었다.

여전히 페미니즘에 부정적인 인식을 드러내는 남성이 많다. 이들이 공감할 수 있도록 비슷한 경험을 토대로 페미니즘에 대해 이야기하고 싶었다. 지나온 시간을 떠올려 보면 의문투성이였다. 군 입대를 앞두고 느꼈던 막막함, 없는 형편에도 데이트할 때는 꼭 먼저 카드를 꺼내는 내 모습이 스스로도 이해되지 않았다. 나 자신을 이해하기 위해서라도 페미니즘이라는 언어가 필요했다. 분명 비슷한 고민에도 여전히 자신의 남성성을 의심받을까 두려워 이야기하지 못하는 남성들이 적지 않으리라 생각한다. 이들이 조금이나마 시행착오를 줄일 수 있도록 문턱을 낮춰 함께할 수 있는 자리를 만들고 싶었다.

사실 처음 내 글을《한국일보》지면에 연재하게 되었을 때는 우려가 앞섰다. 페미니즘 영역에서까지 또다시 '남성'의 목소리가 주목받아도 괜찮을지 염려했다. 나보다 훨씬 더 깊은 고민과 너른 활동을 한 수많은 여성 페미니스트를 떠올리면 신문에 글을 연재한 것도, 이렇게 책을 내는 것도 남성으로서 내게 주어진 발화권력 때문이라는 걸 모를 수 없다. 그러나 그런 부끄러운 마음보다 부채감이 컸다. 질타를 받을지언정 내가 할 수 있는 일을 하는 게 덜 비겁하다고 생각했다. 최대한 내 한계를 인정하며, 다른 남성들을 비판하는 데 그치지 않고, 함께 성찰하고 대안을 모색하는 글을 쓰고자 노력했다.

1부에서는 '남성'이라는 정체성(또는 위치성) 속에서 페미니즘 활동을 한다는 것의 의미를 고민했다. 남성으로 살아가는 페미니즘 활동가로서 무엇보다 큰 관심사일 수밖에 없는 위계적인 남성연대와 유해한 남성문화를 살펴보며, 남성들을 향해 함께 성평등 동반자가 되자는 제안을 담았다. 2부에서는 성평등 교육 활동을 하며 교육 현장에서 경험한 이야기들을 담았다. 많은 사람이 "요즘 애들이 문제"라는 말을 입버릇처럼 하지만 청소년 문제 대부분은 실상 기성세대가 만든 문제의 반복이다. 교육이 전부는 아니겠지만, 교육이 만들 수 있는 변화를 믿으며 청소년들에게 지금 필요한 교육은 무엇일지 고민했다. 3부에서는 하루가 멀다고 터져 나오는 성폭력 사건들, 여전히 엄연한 현실인 성매매 문제, 늘 뜨거운 감자인 군대 문제에서 남성의 역할이 무엇일지 질문한다. 나는 가해자와 다르다는 구분 짓기, 처벌 강화 주장 이상의 논의가 이뤄지기를 바라본다. 4부에서는 오랫동안 남성들이 등한시한 가사노동, 돌봄노동을 비롯한 재생산노동을 다뤘다. 많은 남성이 타인뿐 아니라 자기 자신도 잘 돌보지 않고 있다. 글을 쓰는 동안 관련 공부를 하며 나부터도 정말 많이 모르고 있었다고 반성했다. 마지막 5부에서는 막연하게 느껴지지만 언젠가 기필코 찾아올 미래를 바라는 마음으로 여성할당제와 유리천장, 한국 사회의 성평등, 게임

내 여성혐오 등 정치적·구조적 주제들을 이야기했다. 5부의 제목은 여성학 연구활동가 권김현영의 책 『늘 그랬듯이 길을 찾아낼 것이다』의 한 구절에서 가져왔다.

미디어에는 눈살을 찌푸리게 하는 각종 극단적인 소식들투성이라 세상이 곧 망해야 마땅한 것처럼 느껴진다. 그러나 세상에는 그럼에도 더 나은 세상을 포기하지 않는 수많은 페미니스트가 있다. 그들이 있었기에 나 역시 페미니즘을 접할 수 있었고, 계속해서 활동할 수 있었다. 앞으로도 계속해서 더 나은 남성이 되고 싶은 사람, 남성과 함께 살아가기를 포기하지 않는 다양한 정체성의 사람을 만나려 한다. 이 여정 어딘가에 있을 당신에게 미리 반가움과 고마움의 인사를 전한다.

"안녕하세요. 만나서 반갑습니다. '남성과 함께하는 페미니즘'이라는 말이 너무 당연해서 저의 활동이 무색해지는 그날까지 앞으로도 잘 부탁드립니다."

2025년 2월
이한

CONTENTS

PART 2
교실에서 만난 남성성(들)

PART 3
나는 그들과 다르다는 말 대신

PART 4
가장 불공정한 노동

PART 5
구시대의 마지막 목격자

남성과 함께하는 페미니즘

"네가 그런다고 세상이 변할까?"

완고한 세상에서 페미니스트로 살아가기

오랫동안 못 보고 지내던 친구나 낯선 사람을 만나면 내가 무슨 일을 하는지 이야기해야 할 때가 종종 있는데, 그게 그렇게 어렵다. 일단 '활동가'라는 직함이 있지만, 의사, 변호사, 교사처럼 이름만 들어도 대충 무슨 일을 하는지 연상될 만큼 잘 알려진 직업도 아니고, 실제로 여타 직업처럼 명확히 무슨 일 하나를 고정적으로 하지도 않는다. 어디에 소속되어서 정기적으로 출퇴근하거나 누군가의 지시를 받으며 일하지는 않으니까 일종의 프리랜서로 사는 셈일까? 그렇다고 돈 받는 일만 하는 건 또 아니고, 성교육도 하고 성폭력 예방교육도 하고, 글도 쓰고, 집회도 나가고, 모임 운영도 하고…. 설명이 길어지며 상대의 동공이 흔들린다 싶으면 그냥 좋은 세상 만드느라 힘든 일들을 한다고 이야기하고 얼른 다른 주제로 넘어가 버리곤 한다.

내가 어려움을 느끼는 것이 단지 사람들이 활동가라는 직업에 느끼는 낯섦 때문만은 아니다. 활동가에 대한 일부의 부정적인 인식도 한몫한다. '프로불편러'라든가 '사회부적응자', '시위꾼' 등의 (어떻게 보면 다 틀린 말은 아니지만) 피곤한 낙인은 그 역사도 유구한 '빨갱이'라는 멸칭에서 시작해 조금씩 변주를 거쳐 오늘날에 이르고 있다. 게다가 '남성과 함께하는 페미니즘'이라는 단체명이라도 소개해야 할 때는 더 난처해진다. 한 번에 이해되는 이름이 아니기도 하거니와, 한국 사회에 만연한 페미니즘에 대한 오해는 상대와의 관계를 어색하게 만들기 일쑤다. 나는 그 지난함 탓에 때로는 해명 대신 그냥 내버려두기를 택한다.

문제는 침묵한다고 사라지지 않는다

페미니즘 활동을 하다 보면 질문으로 둔갑한 저항을 마주하는 순간이 많다. 페미니즘 활동가라는 정체성을 사랑하고 자부심도 느끼지만, 이런 순간이 당연히 유쾌하지 않다. "한국의 페미니즘은 너무 극단적이지 않나요?", "요즘은 성차별보다 역차별이 문제 아닌가요?" 등의 유사한 질문을 하도 반복적으로 받아서 이제는 그런 질문을 받으면 자판기처럼 자동으로 대답할 수 있게 됐다. 가끔은 조금만 찾아보면 답을 알 수 있는 똑같은 질문들에 대체 언제까지 답해줘야 하나 싶어 답답한 마음이 들지만, 또 한편으로는 이러한 질문과 저항이 불가피하다고도 느낀다. 애초에 페미니즘은 단지 '1+1=2' 정도의 단순한 지식이나 '착하게 살자' 정도의 교훈적 이야기가 아니라, 지금까지 사람들이 당연하게 여기던 세상을 바꾸려는 시도이기 때문이다. 기존의 인식 체계와 공고한 권력에 질문을 던지고, 관성을 벗어나 변화를 시도하는 과정이 저항 없이 단번에 이해되기를 바라는 게 오히려 욕심일지 모른다.

하지만 더 난처한 순간은 저항과 갈등을 마주할 때가 아니라 그것을 피하려 할 때 발생한다. 좋은 기회로 여러 초·중·고등학교에서 교직원 대상 성평등 교육을 진행하게 됐다. 그런데 한번은 교육 담당자가 강의안에 있는 '성평등'이라는 단어를 '양성평등'으로 수정해 달라고 요청했다. 담당자는 그 요청이 자신의 정치적 견해나 종교적 가치관 때문이 아니라 '민원'을 염려하는 마음 때문임을 특별히 강조했다. 그 외에도 '민감한 사안'은 되도록 교육 중에 다루지 말아 달라는 부탁을 흔히 받는다.

그때마다 복잡한 심경이 든다. '성평등', '성인지감수성' 같은 말만 써도 민원 폭탄을 넣으며 업무를 마비시키는 경우가 상당하기에 이런 염려가 이해되지만, 정말 민원 없는 교육만으로 괜찮은 걸까? 교육 현장이 아니면 대체 어디에서 자신과 다른 시선이나 의견을 받아들이는 방법을 배울 수 있을까? 특히 요즘처럼 온라인 공간에서 알고리즘에 따라 생각이 비슷한 사람들끼리만 모여 확증편향을 강화하는 시대에 교육이 역할을 다하지 않으면 갈등은 길을 잃고 위태롭게 더 극단적으로, 더 폭력적으로 분출될지 모른다. 그래서 원망을 무릅쓰고 양성 범주에 포괄되지 않는 존재를 조명하기 위해 성평등이라는 단어를 사용하고, 민감한 퀴어 이슈도 민감한 만큼 더 중요하게 다루려고 노력한다.

분위기를 깨는 페미니스트

저항과 갈등을 마주하는 것은 아무리 거듭해도 도통 대처하기 쉬워지지 않는다. 교육 활동은 생계와 연결되어 있고, 동시에 담당자나 관련 기관에까지 불똥이 튀면 어떡하나 싶은 걱정도 든다. 또 사람 마음이라는 게 참 이상해서 99명이 좋았다고 말해도, 한 명이 시큰둥한 반응을 보이면 그게 그렇게 오래 남는다. 그래서 매번 나 하나만 참고 넘어가면, 이번 한 번만 외면하고 넘어가면 모두가 편하지 않을까 하는 유혹에 흔들린다. 그러나 도저히 그럴 수 없는 사람들이 있다. 페미니즘과 퀴어이론 연구자인 사라 아메드Sara Ahmed는 『페미니스트로 살아가기』에서 이렇게 말한다.

> 자신을 분위기 깨는 페미니스트라 칭하는 것은 그러한 판단을 열망으로 바꾸는 일입니다. 이렇게 말하는 것과 같지요. "성차별과 인종차별을 지적하는 것이 불행을 야기하는 것이라면 나는 기꺼이 불행을 촉발하겠노라! 행복이 폭력을 모른 척 눈감는 것이라면 나는 그 행복을 거절하겠노라!"[1]

페미니스트는 자주 분위기를 깬다. 남들이 웃을 때, 단어 하나가 신경 쓰여서 웃어넘기지 못하고 주저하다가 미움받기를 무릅쓰고 분위기를 깨버린다. 혹자는 말한다. "네가 그런다고 세상이 변할까?"라고. 나도 알고 있다. 목이 쉬어라 이야기한들 어떤 사람은 절대로 변하지 않고, 견고한 세상에 흠집 하나 나지 않을지 모른다. 게다가 내가 운 좋게도 경험했던 페미니즘에 친화적인 시기는 이미 지나가 버렸고, 한동안 냉혹한 시기가 지속될지 모른다. 실제로 함께 페미니즘을 접한 친구 중 상당수는 페미니즘과 상관없는 일을 하고 있다. '남성과 함께하는 페미니즘'과 비슷한 시기에 만들어진 페미니즘 단체 중에서도 더 이상 활동하지 않는 곳이 많다. 한때는 정치인, 연예인도 페미니스트를 자처하며 여성인권에 관심을 보였는데, 이제는 페미니즘이 무슨 금기어라도 되는 양 언급조차 하지 않는다. 그럼에도 페미니스트는 성차별의 순간마다, 문제를 맞닥뜨릴 때마다 분위기 깨는 한마디를 하려고 노력한다. 그게 세상까지 바꾸지는 못해도 지금 이 순간 할 수 있는, 해야 하는 일이라 생각되면 기어코 그 일을 하는 사람들이 언제나 있다.

올바른 일을 한다고 행복해지지는 않지만

이 과정의 지난함을 아는 주변 지인들은 종종 안쓰러운 눈빛과 함께 요상한 말을 덕담처럼 남긴다. 그중 가장 마음을 어지럽히는 건 "사람 고쳐 쓰는 거 아니다" 같은 말이다. 활동을 하다가 지치고 소진된 이들을 자주 마주한 어른

일수록 애정까지 담아서 이런 말을 건네는 경우가 많다. 화가 나기보다는 씁쓸한 마음이 먼저 든다. 그동안 이들의 주변에서 얼마나 많은 활동가가 소진되고 또 사라졌을까? 좋은 세상을 만들겠다는 일념으로 활동하다가 얼마나 많이 상처받았을까? 활동을 시작한 지 얼마 되지도 않았는데, 벌써부터 이들의 마음을 너무 잘 알 것 같아서 슬프다.

그래도 역시 이런 말이 달갑지는 않다. 운 좋게도 주변에서 '변하는' 사람들을 꾸준히 보아왔다. 당장 나부터가 그렇다. 학창 시절, 나는 페미니즘이나 성평등에 관심을 가져본 적이 없었다. 대학생 때까지도 성차별은 과거의 이야기, 조선시대 때 이야기라 생각했고, 여성가족부는 불필요하다고 믿었다. 군대에 가야 하는 현실이 눈물 나게 싫어서 미워할 대상을 찾기도 했다. 그러다 페미니즘을 접한 친구들을 만나서 여성이 처한 현실을 들을 수 있게 됐고, 내가 맞닥뜨린 어려움 역시 성차별이라는 문제의 연장선에 있음을 깨달을 수 있었다. 이렇게 변한 사람들이 다 유별나게 똑똑하고 부지런했던 것도 아니다. 어떤 이들은 그게 자신에게 도움이 되어서, 또 어떤 이들은 애인 눈치가 보여서, 아니면 그냥 페미니즘 활동을 하는 친구의 모습이 신기해서 관심을 기울이다가 달라지게 됐다.

너무나 당연하게도 사람은 달라질 수 있고 세상 역시 마찬가지다. 이런 변화가 보이지 않아 막막해하는 친구가 주변에 있다면, 과거의 TV 예능 프로그램을 한번 찾아보라고 이야기한다. 불과 몇 년 전인데도 불구하고 지금은 도저히 상상할 수 없는 차별과 혐오가 만연하다. 그것이 저절로 사라졌을 리 없다. 각자의 자리에서 계속해서 분위기를 깨며 한마디를 남긴 어떤 페미니스트들 덕분일 것이다. 그런 점에서 "사람 고쳐 쓰는 거 아니다"라는 말은 얼마나 오만한 개구리의 이야기인지 모른다. 누구도 페미니스트로 태어나지 않고, 누구에게나 올챙이 시절이 있다. 페미니즘 활동이 인정투쟁의 장이 되지 않기 위해서라도 자기연민만 남은 비관에 잠식되지 않는 건 중요하다.

앞서 언급한 책에서 사라 아메드는 이렇게 말한다. "올바른 일을 한다고 행복해지지는 않는다." 그러나 그는 계속해서 이야기한다.

> 무엇보다 불행이 뻔히 예상되는 길을 행복하게 가기, 결혼하지 않기, 자녀 없이 살기와 같이 행복할 리 없다고 여겨지는 상황에서 행복한 것 자

> 체가 혁신일 수 있다. 그녀는 자녀가 없는 사람으로 불리지만 스스로를 자녀로부터 해방된 자라 부른다. 그녀는 애정을 부여하는 대상을 확장한다. 정동 소외자는 엉뚱한 것으로 행복해한다. 그녀의 행복은 이기적이고 어리석고 진실되지 않은 것으로 비춰지고 진짜를 대체한 가짜로 보이며 신뢰가 가지 않는다고 한다. 그러나 그녀는 그 삶을 지속한다.

이 글에서 지독하게 현실적이면서 동시에 낙관적인 미래를 포기하지 않는 사람을 본다. 그리고 험난한 시기를 살아가는 활동가들에게는, 또 각자의 자리에서 고군분투하는 페미니스트에게는 세상은 바뀌지 않는다는 말보다, 사람 고쳐 쓰는 거 아니라는 말보다 이런 말이 더 필요하다.

남자 셋이 모이면 위계가 생긴다

남성연대와 남자-되기

"어쩌다 페미니즘 활동을 하게 되었나요?" '남성과 함께하는 페미니즘'에서 활동하며 수백 번도 더 들은 질문이다. 대개 그때그때 떠오르는 결정적인 사건들을 질문받은 상황과 질문한 사람의 기대에 맞춰 대답하려 노력한다. 이를테면 내가 페미니즘 활동을 시작하게 된 것은, 2015년 무렵 이른바 '페미니즘 리부트'라고 불리는 페미니즘 대중화 물결로 성차별에 눈뜬 학교 친구들의 도움 덕분이기도 하고, 미투 운동과 'N번방 사건'을 계기로 변화의 필요성을 깨달았기 때문이기도 하다.

하지만 잠자코 생각해 보면 그러한 결정적인 사건들

은 내가 페미니즘의 필요성을 인식하게 된 중요한 계기였으나, 일상에서 페미니즘 공부와 관련 활동을 지속한 원동력은 아니었다. 그 지난한 과정을 가능하게 했던 것은 결국 내게 페미니즘이 필요했기 때문이다. 사람들을 이해하고 사람들과 소통하기 위해 내게는 페미니즘이라는 언어가 필요했다. 이렇게 이야기하면 나와 성별이 다른 존재, 즉 여성과 가까워지기 위해 페미니즘을 공부했다고 생각하기 쉽다. 하지만 사실 내 절박함은 그보다 나와 내 주변 남성들을 이해하고자 하는 쪽에 가까웠다. 다시 말해, 내게 페미니즘은 도통 이해할 수 없는 남성과 남성문화를 설명하는 언어였다.

남자는 태어나서 세 번 운다?

"여성은 태어나는 것이 아니라 만들어지는 것이다." 시몬 드 보부아르는 『제2의 성』에서 이 문장으로 여성이 단지 생물학적 성별로 정해지는 것이 아니라, 여성에게 부과되는 규범과 사회적 위치로 만들어진다는 것을 드러냈다. 그와 같을 수는 없겠지만, 남성 역시 주민등록번호 뒷자리 숫자나 성기 모양으로만 정해지지는 않는다. 남성으로 태어나는 순간, 사회는 남성 개인으로 하여금 남성에게 어울리는 역할과 규범에 부응하도록 규제하며, 만약 그 기대에 충분히 부응하지 못하면 낙인찍고 처벌을 가한다.

남성에게 부과되는 규범 중에서 가장 흔한 사례는 감정 표현, 특히 슬퍼하거나 눈물 흘리는 등의 부정적인 감정 표현을 억눌러야 한다는 것이다. "남자는 태어나서 세 번 운다"라는 말도 안 되는 말이 마치 속담처럼 자리 잡은 현실만 봐도 알 수 있다. 이제는 누구도 믿지 않을 것 같은 고리타분한 이 말이 여전히 남자 청소년들 사이에서 좌우명처럼 떠돌 수 있는 건, 우리의 지독한 성별고정관념이 의식하지 못하는 사이에도 은연중에 계속 영향을 미치기 때문이다.

2016년 프랑스 파리사클레 대학교 연구진의 실험 결과에 따르면, 실험 참가자들은 실제로는 성별에 따른 음높이의 차이가 없을 때도 더 낮은 울음소리를 남자아이의 울음소리로 추정하며, 낮은 울음소리를 과소평가하는 경향이 있었다.[2] 이 실험 결과는 양육자의 무의식적인 성별고정관념이 어린아이의 양육에도 영향을 미칠 수 있음을 시사한다. 당장 주변에서 아이들을 달래는 모습을 조금만 관찰하더라도 남자 어린이가 눈물을 그칠 때 유독 '씩씩하다'고 칭찬하는 모습을 쉽게 볼 수 있다. 이것을 대단한 악의나 성차별적인 의도가 분명한 행동이라고 말할 수는 없겠지만, 이런 은연중의 말과 태도, 행동이 남자 어린이에게 자연스레 학습되어 감정 표현에 어려움을 겪는 남성을 만든다.

남자 셋이 모이면 위계가 생긴다

감정 표현을 억누르는 것 외에도 남성이 되기 위해 지켜야 할 암묵적인 규범은 수없이 많다. '상남자'의 면모를 드러내기 위해 위험을 감수할 수 있어야 하고, 상황에 따라 재력과 힘을 과시할 줄도 알아야 하며, 때로는 여성에 대한 성적 대상화에 동조해야 한다. 막상 하나하나 뜯어놓고 보면, '남자-되기'란 얼마나 하찮고 우스우며 실현하기 불가능한지 알 수 있다. 사실상 이 모든 '남자-되기'의 조건을 사시사철 철저하게 수행할 수 있는 존재는 없다고 봐도 무방하다.

그런데 왜 이토록 많은 남성이 심지어 유해하기까지 한 남성성을 포기하지 못하고 애써 좇을까? 성별고정관념을 답습하는 양육과 교육과정뿐 아니라 남성성을 통해 사회적 자원을 독점할 수 있을 거라는 믿음 등도 영향을 미치겠지만, 가장 큰 동력은 바로 남성연대 내부의 위계질서다. 모든 남성이 같은 성별이라는 이유만으로 같은 이해관계를 가질 것이라는 이상한 믿음이 남성연대를 형성하고, 그 안에 뿌리 깊게 자리한 위계질서는 남성들을 브레이크가 고장 난 열차처럼 폭주하게 만든다.

나는 아직도 학창 시절 학년이 올라가거나 진학을 했을 때 새 학기 교실에 흐르던 미묘한 긴장감과 기싸움의 기억이 생생하다. 키와 몸집이 얼마나 큰지, 축구나 게임을 얼마나 잘하는지, 소위 '노는 형' 같은 든든한 '빽'이 있는지 등을 눈대중으로 살펴보며 열심히 간을 보다가 조금씩 충돌하며 자리를 비집고 들어가야 했다. 나는 '남자 셋이 모이면 위계가 생긴다'는 사실을 아주 이른 시절 깨닫고 어떻게든 살아남으려 다양하게 발버둥을 쳤다. 하지만 이 방면에 썩 재능 있는 사람이 아니었기에 그 과정이 참 고단했다. 우두머리가 되지 못할 거란 것은 진작 알았다. 그것은 소설 「우리들의 일그러진 영웅」 속 '엄석대'나 영화 〈말죽거리 잔혹사〉의 '우식' 같은 이른바 '알파 메일alpha male'의 몫이었다. 나는 그보다는 2인자 혹은 가능하다면 '쩜오'(1.5인자)로 불리는 자리를 탐했으나, 대체로는 변두리에서 탈락하지 않기 위해 안간힘을 쓰는 쪽에 가까웠다.

변두리에서 살아남는 방법은 다분히 치사하고 유치

했다. 바로 '그래도 쟤보단 내가 낫지'의 '쟤'를 드러내고 깎아내리며 우습게 만드는 전략이었다. 이런 모습은 오늘날의 교실에서도 쉽게 찾아볼 수 있다. 남학생이 슬픔을 드러내거나, 운동을 좋아하지 않거나, 게임을 잘 못하거나, 심지어 다른 사람에게 조금만 친절하게 굴어도 금방 "너 게이냐?", "계집애같이 군다" 같은 혐오와 조롱의 말이 쏟아진다. '남자다움'이 무엇인지는 어차피 명확하지 않기에 그 모호함을 가리는 방법으로 여성, 성소수자, 장애인 등 사회적 소수자들의 존재를 '남자답지 않음'으로 등치시켜 위계의 밑바닥으로 만드는 것이다.

이 추악하고 위태로운 방법은 수많은 남성에게 타자를 밟고 일어서면 남자로 인정받을 수 있을 것이라는 어설픈 기대를 안겨주지만, 동시에 위계의 바닥으로 떨어지면 피할 수 없는 낙인과 폭력의 대상이 될지 모른다는 공포를 일으키며 그 어떤 다른 가능성도 상상하지 못하게 한다. 남성성 연구의 거장 래윈 코넬Raewyn Connell은 『남성성/들』에서 이런 현상을 "헤게모니적 남성성"을 중심으로 그 가부장의 수혜를 나눠 받는 "공모적 남성성", 그리고 배타적 위치에서 금기와 혐오의 대상이 되는 "종속적 남성성"으로 설명한다.[3] 이 피라미드 같은 위계질서는 남성들로 하여금 끊임없이 남성성을 증명하고 갈망하게 만드는 가장 효율적인 통제 방법이자, 그 자체로 '남자-되기'의 핵심이라 할 수 있다. 이 안에서 남성들은 타인의 강요나 요구 없이도 어떻게든 바닥으로 떨어지지 않으려 발버둥 치며 자발적으로 남성연대에 부역한다.

남성성이라는 형벌에서 벗어나려면

페미니즘과 관련된 의제의 시위 현장마다 꼭 등장하는 이들이 있다. '새로운 남성'이라고 붙인 단체명에 어울리지 않게 고리타분한 혐오의 논리로 페미니즘과 여성을 탓하는 반페미니즘 단체다. 이들은 그 어떤 페미니스트보다 열심히 페미니즘 활동 현장에 등장해서 냉소와 혐오로 일관하며 페미니즘에 대한 각종 부정적인 가짜뉴스를 퍼트리는 데 최선을 다한다. 이들은 2023년 5월 17일, '강남역 살인사건' 피해 여성 7주기 추모 현장에도 나타나 (아무도 그러지 않고, 또 관심조차 없음에도) 자신들을 '잠재적 가해자' 취급하지 말라며 피해자를 추모하는 이들에게 조롱과 혐오를 쏟아 냈다.

이러한 문제적 행태에 당연히 눈살을 찌푸리게 된다. 이들의 행동은 남성연대의 위계질서에서 바닥으로 떨어질까 두려운 마음을 차마 내색하지 못하고 상대를 탓하거나 오직 분노만으로 감정을 표현하는 여느 남성과 크게 다르지 않다. 이들은 허세 섞인 혐오의 목소리로 페미니즘을 힐난하지만, 사실 여성들이 더 큰 힘을 가져서 더 이상 자신들을 필요로 하지 않게 될까 봐, 자신들이 밟고 일어설 대상이 사라질까 봐, 그래서 그 어설프고 위태로운 남성연대의 세계관이 무너져 버릴까 봐 두려워하는 속내를 감추고 있다. 하지만 설령 이 위계질서의 정상에 오른들 그 불안이 사라질까? 도리어 소수만 오를 수 있는 그 자리에서는 언젠가 나락으로 떨어질까 봐 더 외롭고 두렵고 불안해지지는 않을까?

신화 속 시시포스의 형벌 같은 위계질서에서 벗어나 정말로 새로운 남성이 되고 싶다면 고리타분한 기존의 위계로 돌아가는 게 아니라, 남성성이라는 모호한 기준과 역할에 질문을 던지는 '신-남성성'이 필요하다. 남성연대 위계질서의 굴레에서 벗어나, 눈치 보고 경쟁하기보다는 그 시간에 서로를 보듬고 돌보는 일에 헌신하는 남성이 필요하다. 감정 표현이 숨 쉬듯 자연스럽고, 남성성에 구애받지 않으며 자유롭게 자신의 꿈을 펼칠 수 있는 그런 삶이 필요하다. 더 나은 남성성은 얼마든지 가능하다. 다른 남성과의 관계가 불편하다면, 남성들 사이에서 내 모습이 어색하고 만족스럽지 않다면 주저하지 말고 변화의 물결에 함께하자. 우리에게는 이제 정말 새로운, 신-남성이 필요하다.

왜 화내냐고 묻는 남성들에게

분노, 그 지극히 사회적인 감정에 대하여

"무슨, 화나는 일 있어요?" 언젠가 어느 교육 현장에서 들은 말이다. 나에게 한 말은 아니었고, 교육을 시작하기 전 교육 담당자가 강의 개요와 강사 소개를 하자 한 참여자가 퉁명스럽게 던진 질문 아닌 질문이었다. 담당자가 감정적으로 이야기하거나 화를 냈다고 느끼지는 않았다. 그저 교육 참여자들에게 강의 중 전화를 받는 등 다른 용건으로 교육장을 지속해서 벗어날 경우, 미이수 처리가 될 수 있다고 단호히 이야기하며 앞서 다른 교육 시수에서 발생한 사례들을 알려주었을 뿐이었다. 나는 전혀 느끼지 못했던 그 "화"를 대체 어떤 대목에서 느꼈을까? 웃지 않는 표정? 무뚝뚝한 말투? 그보다 담당자가 여성이라서 그랬던 것은 아닐까? 행간에 내가 읽지 못한 무언가가 있었나 알 길이 없었지만, 앞으로 불려 나온 강사는 참여자에게 질문을 한 이유를 캐물을 자신도, 시간도 없어 그저 담당자와 머쓱한 웃음을 나누고 굳은 분위기 속에서 강의를 시작해야 했다.

분노는 아래로, 더 아래로 향한다

감정이라는 게 온전히 개인적이지만은 않고 모두 어느 정도 사회적 영향을 받겠지만, 어떤 감정은 유난히 더 사회적 영향을 받는다. 이를테면 분노가 그렇다. 회사에서 상사에게 분노가 치밀어 올라도 헤드록을 걸거나 딱밤을 때리지 않고, 성숙하게 참으며 하루하루를 보내고 있지 않은가. 분노를 통제하는 건, 서로 다른 의견과 이해관계를 가진 인간이 갈등이 생겨도 서로를 죽이지 않고 사회를 이루어 살아가는 데 필수적이다. 그래서 인류는 긴 세월 법과 제도만이 아닌 이른바 '사회생활'이라는 문화로 감정을 다스려 왔다.

물론 감정이 매번 성공적으로 통제되는 것은 아니다. 특히 분노처럼 강력한 감정은 마음 한구석에 꽤 오래도록 남아 표출될 기회를 엿보다 터져 나오곤 한다. 문제는 그렇게 터져 나올 때조차 우리는 지극히 익숙한 사회생활의 습성을 못 버리고 될 수 있는 한 분노를 아래로, 더 아래로 표출한다는 것이다. 분노의 '내리갈굼'을 뼈저리게 느낀 건 역시 군대에서였다. 사실 군인들 사이의 내리갈굼이야 이미 익히 들어 알고 있었기 때문에 선임으로부터 욕받이가 되는 건 그다지 놀랍지 않았다. 그보다 놀라운 건 계급이 드러나 있지 않은 상황에서도 너무나 재빠르게 다리 뻗을 곳을 골라서 분노를 표출하던 사람들의 민첩함이었다.

나는 지금은 사라진 의무경찰로 군 생활을 했고, 주로 음주단속을 맡았기에 술에 취해 분노하는 민간인을 마주할 때가 많았다. 좋은 일로 만난 것도 아니다 보니 모두가 '하하호호' 할 것이라 기대하지는 않았지만, 그래도 정말 너무하다 싶을 정도로 주취자들의 분노가 줄곧 나를 향했다. 내 계급이 드러난 것도 아니고, 다른 동료들이라고 물리력을 쓸 수 있는 상황도 아니었다. 그런데도 나를 향해 삿대질하던 민원인이 몸집이 큰 동료 앞에서는 고개 숙이는 모습을 보고 있자면, 인간의 간사함과 동물적 감각 앞에서 한숨이 절로 나왔다. 경찰복을 입은 사람들 앞에서도 법보다 주먹이 빠르다는 것을 여실히 보여주는 사람들이라면 일상에서는 얼마나 더 '강약약강'일지 불 보듯 뻔했다.

염소웃음과 '여자어 해석본'이 말하는 것

분노는 물처럼 아래로 흐르고, 권력은 단지 시간이 지난다고 달라지지 않는다. 견고한 젠더권력 아래에서 모진 분노를 감내하던 여성들은 각자도생의 방법을 강구했다. 이를테면 많은 여성이 상사가 던진 불편한 이야기에 분노 대신 짧게 "하.하.하." 하고 이른바 '염소웃음'을 짓는다. 염소웃음은 최대한 상대방의 심기를 상하지 않게 하면서도 그 상황에서 벗어나기 위해 여성들이 터득한 방법이고, 약자에게 웃음은 때로는 거의 유일한 방어 수단이다.

'여자어'라는 표현도 있다. 한국어는 여성형·남성형 표현도 따로 구분되어 있지 않은데 무슨 '여자어'냐 싶겠지만, 온라인 커뮤니티에서는 이른바 '여자어 해석본'이라며 여성들의 말 이면에 담긴 숨은 진짜 의미를 정리했다는 내용의 게시글이 자주 인기를 끌었다. 예컨대 "이거 예쁘지 않아?"라는 말 이면에는 '나 이거 사줘'라는 뜻이 숨어 있고, "나 살찐 것 같지 않아?"라는 질문에는 빠르게 외모 칭찬을 해줘야 한다는 식의 '해석'이었다.

이처럼 어쭙잖은 정보를 공유하는 이들은 여성이 아무리 거절해도 거절을 거절로 받아들이지 못하고 '튕기는' 거라 여기기 일쑤이지 않을까? 실제로 하루에도 평균 50여 건의 교제폭력이 검거되고[4], 2022년 기준 "1.17일에 1명의 여성이 남편이나 애인 등 친밀한 관계의 남성 파트너에 의해 살해되거나 살해될 위험에 처해" 있는 현실[5]은 왜 여성들이 '여자어'라 불리는 완곡어법을 사용하게 되었는지 가늠하게 하지만, 남성 대부분은 이러한 배경에 무관심하다. 그 점에서 남성들 사이에서 회자되는 '여자어 해석본'은 여성들과 소통하기 위한 시도라기보다 여성들이 놓인 환경에 관심 두지 않은 채, 그들이 자신들의 의견과 주장을 명료히 표현하지 못한다는 조롱에 가까웠다.

〈여성주의 자기방어훈련〉이라는 교육 프로그램을 들을 기회가 있었다. '호신술에도 여성주의가 있나?' 싶었던 생각은 교육을 받자마자 사라졌다. 프로그램 초반에 가슴을 펴고 우렁차게 소리를 내지르는 훈련 과정이 있었다. 술집에서도 목소리 좀 줄여달라는 요청을 자주 받을 정도로 튼실한 성대를 가진 사람인지라 어렵지 않으리라 생각했지만, 의외로 단호하게 소리친 경험이 거의 없어서 내 목소리는 자꾸만

웅얼거리거나 갈라졌다. 비단 나뿐만이 아니었다. 나이가 어릴수록, 몸집이 작을수록 어색해했다. 특히 여성들은 소리 한번 치지 못하고 움츠러든 경험이 많은 탓에 어깨를 펴고 허리를 곧추세운 자세로 배에 힘을 주고 소리를 내는 법부터 차근차근 다시 배우고 연습해야 했다. 그간 수도 없이 "여성은 나약해"라는 말을 듣고, 목소리를 높이면 "방정맞다"라는 소리를 듣던 여성들은 이 교육을 통해 그간 억눌렸던 자신의 감정과 몸의 감각을 마주하고 일깨우며 용기를 얻어갔다.

여성들이 분노하기 시작했다

미국의 배우이자 극작가였던 메이 웨스트Mae West는 "착한 여자는 천국에 가지만, 나쁜 여자는 어디든 갈 수 있지(Good girls go to heaven, bad girls go everywhere)"라는 말을 남겼다. 빈약한 선택지 앞에 선 수많은 여성에게 이 말은 길이 되어주었다. 실로 여성들에게 주어진 선택지는 많지 않았다. 착실하게 사회적 요구를 이행하며 살아도 갖은 폭력과 조롱에 시달렸고, 자신의 목소리를 내면 드세다는 말을 듣거나 유별나다는 낙인이 찍혔다. 여성들이 과거 남성의 전유물로 여겨졌던 분노를 표출하기 시작한 것은 그 때문이다.

차분히 말하면 도저히 이야기를 들어주지 않는 세상에서 여성들은 광장으로 나가 더 크게 분노하기로 했다. 2018년 서울지하철 혜화역에서 울려 퍼진 '불법촬영 편파수사 규탄시위'는 그렇게 분노한 여성들의 수많은 목소리가 모인 현장이었다. 누군가는 그 목소리가 '폭력적'이고 '극단적'이었다고 말하지만, 막상 그 시위로 인해 죽거나 다친 사람은 단 한 명도 없었다. 도리어 그 목소리와 함께 수많은 여성의 연대가 이어지며 불법촬영물을 소지하거나 시청만 해도 3년 이하의 징역, 3,000만 원 이하의 벌금으로 처벌할 수 있는 법률 제정을 이끌었다. 이는 불법촬영 가해자들에게 피해받은 무수히 많은 사람을 살리는 데 기여했다. 이처럼 어떤 분노는 빈약한 선택지를 늘렸고, 변화를 만들어 냈다.

일부 교육 참여자들은 성폭력 예방교육을 이미 충분히 들어서 지겹다고 말하지만, 정작 어느 조직이든 성폭력 처리 절차를 모르는 관리자가 수두룩하다. 왜 그렇게 화가 났냐고? 앞서 언급한 교육 현장으로 돌아가 할 수만 있다면 되묻고 싶다. 교육 담당자가 그렇게 단호히 이야기하더라도 여전히 교육 시간에 딴청 피우거나 교육 현장을 이탈하는 사람투성이인 공간에서 그 참여자의 눈에 보이는 건 왜 오직 앞에 선 교육 담당자의 무표정뿐이었을까? 또 자신보다 사회적 지위가 높거나 나이가 많은 남성이 같은 이야기를 했어도 그렇게 똑같이 질문할 수 있었을까? 태도, 말투 같은 비언어적 메시지를 읽어내는 능력은 상대의 권력과 배경 앞에서 왜 그토록 손쉽게 달라지는가?

여전히 남성들은 세상이 변해서 주변 여성과 이야기 나누는 게 어렵다고, 무슨 이야기만 해도 벌컥 화를 내서 소통할 수가 없다고 하소연한다. 만약 소통하려는 의도가 진심이라면, 그저 투덜거리기보다 여성들을 분노하게 하는 현실에 더 관심을 기울여 보면 어떨까? 한번 상처 입고 덧나 부어오른 곳은 조금만 스쳐도 "아야!" 하고 소리를 지르게 된다. 여성들이 사회와 주변 사람들로부터 무수히 많은 통제와 폭력을 겪은 경험 역시 마찬가지다. 지금까지 그런 통제와 폭력에는 무관심하다가 이제 와서 용기를 낸 여성들의 목소리에 왜 소리를 지르냐고, 침착하게 이야기하라고 윽박지르는 태도는 얼마나 기만적인가? 당신 곁에도 분명 상처가 덧나 있는 사람들이 있다. 그리고 어떤 상처는 저절로 낫지 않는다. "왜?"라는 질문은 분노하는 사람이 아니라 분노할 수밖에 없는 현실로 향해야 한다.

잠재적 가해자 취급이라는 변명

여성혐오 사회에서 성평등 동반자 되기

이상하거나 나쁜 일을 하는 것 같지는 않은데, 종종 "대체 어쩌다가 '그런 일'을 하게 됐어요?"라는 질문을 받는다. 하긴 나부터도 페미니즘 활동가 중에서 남성이 별로 없다 보니 비슷한 존재를 마주할 때면, 궁금한 마음부터 들어서 페미니즘에 관심을 갖게 된 계기 등을 물어보고는 한다. '강남역 살인사건'은 나를 포함한 많은 이들에게 결정적 계기가 되었다. 2016년 발생한 강남역 살인사건은 수많은 여성에게 큰 충격을 남겼다. 당시 대학생이었던 나 역시 여성인 친구들 손에 이끌려 간 강남역 10번 출구 추모 현장 앞에서 적잖은 충격을 받았다. 하지만 사람이 어떤 사건을 계기로 한순간에 변할 리는 만무하다. 안타까운 마음은 들었지만, 그 사건이 왜 '여성혐오' 범죄인지, 수많은 여성이 그 사건에 왜 그토록 분노하는지 충분히 공감하지 못해 당황스러웠다. 분노하는 여성들 곁에서 어찌 반응해야 좋을지 몰랐던 나는 당혹감과 불편함을 느꼈다.

성별에 따라 너무나 다른 반응

그 무렵 주변의 많은 이성 커플이 크고 작은 갈등 끝에 이별을 겪었다. 곁에서 양측의 이야기를 들을 기회가 자주 있었다. 커플마다 디테일은 조금씩 달랐지만, 전반적인 패턴은 유사했다. 여성 연인이 일상에서 겪은 불편하고 차별적인 경험을 호소하면, 남성 연인이 우물쭈물하거나 도리어 "한국이 얼마나 치안이 좋고 평등한 나라인데!"라며 상대를 꾸짖으며 갈등이 시작되는 식이었다. 여성은 연인이 자신의 문제에 공감하지 못해서, 남성은 왜 연인 사이에 '굳이' 불편한 이야기를 꺼내는지 이해하지 못해서 서로 섭섭해하며 갈등의 골이 깊어졌다.

이런 상황은 교실에서도 자주 발생한다. 학교에서 성폭력 예방교육을 진행하면 성별에 따라 반응이 극명하게 나

남성과 함께하는 페미니즘

뉜다. 여학생은 대부분 교육 내용에 깊이 공감하며 문제의 심각성을 어려움 없이 받아들인다. 어릴 때부터 성과 관련된 문제를 조심해야 한다고 귀에 딱지가 앉게 들었기 때문일 수도 있고, 뉴스를 통해 여성 대상 폭력을 자주 접하면서 성폭력을 자신의 문제로 받아들였기 때문일 수도 있다. 반면 남학생들은 성폭력 문제와 자신들이 무관하다고 생각하는 것인지 대체로 교육 내용에 무관심하다. 아니, 무관심하다는 표현은 지나치게 온건하고, 대체로 부정적인 태도를 보인다. 교육이 시작되기 전부터 팔짱을 낀 채 저항할 태세를 갖추고 있거나, 아니면 냅다 엎드려 자는 것으로 자신의 무관심을 표현한다. 교육 내용을 귀담아듣는 몇몇 남학생도 구체적인 폭력 사례가 소개되면 고개를 떨구거나 강사와 눈을 마주치지 못하곤 한다.

한번은 남학생들에게 그간의 교육이 어땠는지, 불편한 내용이 있었는지 물었다. 이내 한 학생이 성폭력 예방교육이 남자를 '잠재적 가해자' 취급한다며 불만을 토로했다. 다른 연령대의 남성들에게서도 이런 반응이 적지 않게 나온다. 다만 내가 의아한 건, 성폭력 교육에서는 혹시 모를 불만을 고려해 '여자', '남자' 등 성별을 구분하는 표현을 잘 쓰지 않기 때문이다. 그건 나뿐만 아니라, 폭력 예방교육 전반이 지향하는 바다. 성별을 부각하며 남성들은 가해자가 되지 않도록 조심해야 한다는 식의 교육은 효과적이지도 않고, 폭력 예방교육이 지향하는 가치에도 부합하지 않는다.

잠재적 가해자 취급이라는 변명

'잠재적 가해자 취급'이라는 말은 조금만 생각해 봐도 어색하고 이상하다. 우리는 언제나 타인을 잠재적 가해자로 취급한다. 그렇기 때문에 집을 나서며 문단속을 하고 핸드폰에 비밀번호를 걸며 경찰에 치안을 맡긴다. 그리고 누군가가 다른 사회문제, 예컨대 장애인 차별이나 인종차별에 대해 이야기한다고 해서 비장애인들과 백인들이 자신들을 잠재적 가해자 취급하지 말라며 억울해하지는 않는다. 그렇다면 왜 이렇게 유독 성차별, 성폭력 문제를 다룰 때만 '잠재적 가해자 취급'이라는 구호가 반복해서 등장하는 걸까?

가장 근본적인 이유는 한국 사회의 뿌리 깊은 여성혐오다. 여기서 말하는 '여성혐오'는 미소지니misogyny의 번역어로서 단순히 여성을 싫어한다는 의미가 아니라, 여성을 특정한 이미지의 존재로 여기며 편견을 갖거나 여성이라는 이유만으로 차별하는 것을 의미한다. 여성혐오는 너무나 뿌리 깊고 만연하여 아무리 여성을 좋아하더라도, 여성들과 좋은 관계를 맺고 있더라도, 심지어 자기 자신이 여성이더라도 그로부터 완전히 자유로울 수 없다. 어릴 때부터 "암탉이 울면 집안이 망한다"라는 속담을 배우고, 남자 주인공이 여자 주인공을 '보호'하고 '돕는' 만화와 영화를 보며 자라고, 운전하는 여성을 '김여사'로 게임을 즐기는 여성을 '혜지'로 각종 범죄 피해자를 '○○녀'로 지칭하며 낙인찍고 대상화하는 사회에서 살아가는 동안 여성혐오는 무의식에 깊이 자리 잡는다.

사회에 만연한 여성혐오는 여성의 목소리에 귀 기울이지 않는 현실로 나타난다. 리베카 솔닛은 『남자들은 자꾸 나를 가르치려 든다』에서 '맨스플레인mansplain'에 대해 이야기한다. 맨스플레인은 '남성man'과 '설명explain'의 합성어로서 남성들이 여성들이 어떤 사안에 대해 잘 모를 것으로 생각하며 설명을 늘어놓거나, 가르치려 드는 태도를 일컫는다. 솔닛은 "이런 현상 탓에 여자들은 나서서 말하기를 주저하고, 용감하게 나서서 말하더라도 경청되지 않는다"라고 말한다.[6] 실로 여성의 목소리는 사회적으로 덜 주목받는다. 단적인 예로 '이대남'을 둘러싼 소란을 들 수 있다. 그간 수많은 청년 여성이 성차별을 지적하고, 성폭력이 심각한 사회문제라고 광장에서 목소리를 높여왔음에도 정치권과 언론에서는 '이대녀'보다 '이대남'의 목소리에 더 주목했다.

여성혐오적 사고가 지배적인 사회에서 여성의 목소리는 곧잘 엄살, 예민함으로 취급받으며 외면당한다. 한국 사회에서 일부 남성은 사회구조적 문제를 그저 불운한 사고나 불가피한 현실로 취급하며, 여성 개인에게 밤늦은 시간에 돌아다니지 말고 조신하게 지내라고, 성차별에 투덜거리지 말고 더 '노오력'하라고 이야기한다. 그래야 자신에게도 일말의 책임이 있음을 외면할 수 있기 때문이다. 그러므로 '잠재적 가해자 취급'이라는 엉뚱한 반응은, 변화가 필요하다는 여성들의 목소리에 대한 의도적인 외면인 동시에 자신에게도 성폭력 문제에 대한 일말의 책임이 있음을 은연중에 느끼고 있다는 자기 고백인 셈이다.

방관자가 될 것인가, 동반자가 될 것인가

"위선은 악이 선에게 보내는 경배"라는 말을 좋아한다. 냉소와 악행이 판치는 세상에서도 여전히 대부분의 사람은 선량한 마음을 갖고 있다고 믿는다. 다만 선량해지려는 마음이 반드시 선량한 행동과 태도로 이어지는 것은 아니다. 장애인을 차별하겠다는 의도가 없어도, 비장애인 중심으로 굴러가는 세상은 '무심코' 경사로 대신 계단을 만든다. 이렇게 개인의 의지와 무관하게 발생하는 사회구조적 차별과 폭력을 개선하기 위해서는 선량해지려는 마음이 아니라, 눈에 띄지 않는 사회적 차별들을 발견하고 그에 맞서려는 적극적인 행동이 필요하다.

불편함을 느끼는 것은 그 행동의 시작이 될 수 있다. 성차별·성폭력 문제 앞에서 가해자, 방관자, 아니 그 비슷한 무엇으로도 취급받고 싶지 않다면, '동반자'라는 선택지가 있음을 기억하자. 불편함을 안고 문제를 바라볼 때 방관자에서 동반자로의 변화가 시작된다. 대단히 영웅적인 행동이 아니어도 좋다. 무심코 건네는 말과 행동이 무의식중에 보고 배운 여성혐오일 수도 있음을 인지하고 하나씩 바꿔나가자. 주변에 성차별적 발언을 일삼는 사람이 있을 때, 외면하지 말고 "요새 그렇게 말하면 큰일 나요"라고 한마디를 한다든가, 불편함을 느끼는 이들과 연대하며 함께 해결책을 모색하는 것이야말로 방관자가 아니라 동반자가 되는 가장 확실하고 효과적인 방법이다.

마지막으로 기억하자. 도무지 변할 것 같지 않은 사람에게는 불편하다는 이야기조차 꺼내지 않는다. 누군가가 당신에게 불편함을 호소했다면, 그것은 당신이 달라질 수 있는 사람이라고 믿는다는 표현이자 함께 성평등 동반자로 나아가자는 제안일 것이다. 그 손을 잡는 일에서 변화는 시작된다.

너드남은 어떻게 주인공 자리를 꿰찼을까

유해한 남성문화의 대안이 필요하다

요즘 친구들 사이에서 '너드미'가 각광받고 있다. 약간 찌질한 듯하면서도 순수하게 느껴지고 자신의 본업 또는 관심사에 몰입하느라 어디 가서 이상한 짓 하고 돌아다니지 않을 것 같은 매력의 '너드남nerd男'을 자신의 이상형 또는 롤모델로 삼는 이들이 늘었다. 여러 미디어에서도 기존의 남성 캐릭터와 다른 매력의 너드남들이 등장하고 있다. 영화 〈신비한 동물사전〉의 주인공 '뉴트', 우리들의 친절한 이웃인 〈스파이더맨〉 시리즈의 '피터 파커'(특히 토비 맥과이어가 연기한 피터 파커), 드라마 〈응답하라 1988〉에 등장하는 '최택' 등을 예로 들 수 있다. 모두 사회성은 조금 떨어지는 아웃사이

더스러운 면이 있지만, 자신만의 개성과 전문성을 갖춘 반전 매력의 인물들이다. 흥미로운 일이다. 이 '아싸'들은 어떻게 사람들의 호감을 얻고 주인공 자리를 꿰찼을까?

너드남이 각광받는 것에 뜬금없이 용기를 얻었는지 자신의 '찌질한' 면모를 여과 없이 보여주는 이들이 있다. 안타깝지만 번지수를 잘못 찾았다. 너드미의 완성은 찌질한 태도와 행동이 아니라, 무해함에 있기 때문이다. 예컨대 호감을 느끼는 사람 앞에서 어색해하고 쑥스러워하며 눈도 제대로 마주치지 못하는 등 '뚝딱거리는' 모습은 보호 본능을 자극하는 너드남의 주요 매력 포인트다. 하지만 호감을 느끼는 사람만이 아니라 모든 여성 앞에서 얼어붙어 잘 교류하지 못하고, 여성이 예의로 건넨 미소를 혼자 오해하여 손자·손녀 이름까지 짓고 있다면, 그건 그저 모든 여성을 잠재적 연애 대상으로 취급하고 있다는 의미일 뿐 매력도 자랑도 아니다.

자신의 일과 관심사에 푹 빠져서 사랑하는 사람에게 조잘조잘 이야기하는 모습 역시 많은 이들이 너드남에게 느끼는 매력 중 하나다. 그런데 그 말들 사이에 "오빠가~"와 상대를 가르치려 드는 맨스플레인이 섞여 있다면? 천년의 욕정도 짜게 식고 만다. 중요하니 다시 한번 강조하겠다. 너드남의 매력은 '찌질함'이 아닌 '무해함'에 있다. 인간관계에 미숙하지만, 폭력과 거리가 멀고 다른 사람을 진심으로 대하는 점이야말로 너드남이 각광받는 이유다.

여성혐오는 어떻게 남성문화가 되었는가

너드남이 대세로 떠오르게 된 배경으로 기존의 유해한 남성문화에 대한 반작용을 꼽을 수 있다. 내가 보고 겪은 남성들 사이에는 늘 위계가 있었다. 첫 만남부터 나이를 물으며 형과 동생으로 호칭 정리를 해야 했고, 학교와 군대 동기, 직장 동료, 심지어는 그냥 동네 친구들 사이에서도 셋 이상만 모이면 그 안에는 늘 알게 모르게 위계가 생겼다. 그 위계에는 대체로 완력이 크게 작용했고, 경제력도 결코 무시할 수 없었으며, 때로는 학업성적이나 유머 감각 등 다양한 요인이 영향을 주었으나 남성들 사이에 늘 위계질서가 형성되었다는 것만큼은 확실히 변하지 않았다. 오늘날 온라인 커뮤니티에서 '상남자'와 '하남자'를 구분 짓고 조롱하는 놀이 문화 역시 이와 무관하지 않다. 상남자를 우습게 여기지만 동시에 선망하고 하남자를 멸시하는 동시에 자조한다. 그 피라미드 같은 위계질서에서의 탈락은 곧 소외와 폭력의 대상이 된다는 것을 의미했기에 악착같이 한 단계라도 위로 올라가려고 발버둥을 쳤다.

견고한 위계질서는 늘 탈락의 공포를 선사하고, 사회에서 요구하는 남성성의 가치를 수호하기 위한 싸움은 고단할 뿐 아니라 지속 불가능하다. 결국 남성들은 만만한 이들을 깎아내리며 자신들의 위치를 공고히 하는 전략을 채택했다. '여성'은 늘 손쉽게 그 대상이 되었다. 모든 남성이 그런 것은 아니겠지만, 주변에 한 명쯤은 '김치녀', '된장녀' 등의 표현으로 여성을 멸시하거나, 'ㅗㅜㅑ' 를 입에 달고 다니며 여성을 성적으로 대상화하고, 이른바 '야동'에 밝은 남성이 있었다. '이상한 애', '웃긴 애'로 치부될지언정 그 남성의 존재와 행동은 제약받기는커녕 웃음 속에서 오히려 권장됐다.

학교에서, 회사에서, 군대에서, 아니 어느 한 곳의 문제라고 특정할 수 없을 만큼 많은 곳에서 유사한 양상으로 나타났던 단톡방 성희롱 사건은 여성을 성적으로 대상화하며 남성연대를 공고히 해왔던 남성문화의 한 단면을 보여준다. 남성들의 단톡방에서는 친밀한 사이의 여성, 심지어 연인조차도 동등한 사람으로 대우받지 않고, 외

'오우야'를 뜻하는 모음의 조합이다. 흔히 온라인 커뮤니티에서 신체 노출이 강조되는 등 여성을 성적으로 대상화하는 사진이나 영상 등이 올라왔을 때 일종의 감탄사처럼 사용된다.

모로 품평되며 성적인 대상으로만 취급되기 일쑤다. 모든 남성이 단톡방에서 이뤄지는 여성혐오에 적극적으로 가담하지는 않으리라 믿는다. 하지만 여성혐오에 불편함을 느끼는 남성조차 "남자가 그럴 수도 있지 뭘 쪼잔하게 굴고 그래"라는 한마디로 침묵하게 하고, 단톡방을 뛰쳐나올 수 없게 만드는 남성연대의 힘이 강력하게 작용하고 있을 것이다.

언제부터였을까? 내가 기억하는 아주 어린 시절부터 학교부터 TV 방송까지 온 세상에서 이러한 남성문화는 계속 권장되어 왔다. 학교에서는 성적이 오르면 부인의 얼굴이 바뀔 것이라는 말, 능력만 좋으면 여성이 줄을 설 것이라는 말을 들었고, TV에서는 그런 말들이 비싼 목걸이와 시계, 돈다발, 고급 승용차와 함께 여성을 배경으로 삼은 채 남성 가수가 노래하는 강렬한 이미지의 뮤직비디오로 구현됐다. 지금도 채널만 돌리면 등장하는 수많은 연애 예능 프로그램에서 남성의 경제력을 부각시키고, 호사가들은 나이 많은 남성이 어린 여성과 결혼하는 것을 '능력 좋다'고 표현한다. 이런 문화 속에서 여성은 사람이기보다 남성의 능력을 빛내주는 트로피에 가까웠다.

인셀과 너드남의 이분법 너머

인셀incel은 비자발적 순결주의자involuntary celibate의 줄임말로서 연애 시장에서 도태된 이들이 스스로를 자조적으로 이르던 표현에서 비롯됐다. 국내에서 쓰이는 '모쏠'(모태솔로)이라는 자조적 표현과 비슷하다. 인셀이 사회적 문제로 여겨지게 된 것은 이들의 자조와 냉소가 비단 온라인 커뮤니티의 하위문화에 그치지 않고, 각종 여성혐오 표현과 범죄로 이어지면서다.

이들의 다분히 선택적이고 왜곡된 분노는 남성연대의 위계질서, 여성혐오로 유지되는 남성문화와 연결되어 있다. 남성연대의 위계질서는 경제력 등 각종 권력을 중심으로 똘똘 뭉치며 피라미드 구조에서 탈락된 이들, 즉 인셀들을 배척하고 폭력의 대상으로 삼았다. 그러나 동시에 여성혐오는 인셀 집단의 문화에도 그대로 전승되었다. '비자발적 순결'이라는 표현에서 알 수 있듯 인셀들은 여성을 성관계의 대상으로 바라보며 왜곡된 분노를 쏟아 냈다. 남성연대의 폭력적 위계질서에서 벗어나지 못하고, 여성혐오는 그대로 이어받은 인셀들의 왜곡된 분노는 여성뿐 아니라 다른 소수자에게로 향했다. 최근 국내에서 나타나는 젊은 남성들의 소수자를 향한 혐오 양상은, 인셀 문화가 그저 극단적 소수의 이야기로 치부될 수 없는 지경이 되고 있다는 신호다.

다시 너드남 이야기로 돌아가 보자. 너드남이 각광받는 현상은 기존의 유해한 남성문화에 가담하지 않는 남성의 등장을 촉구하는 흐름 속에서 나타났다. 그리고 나는 이 현상이 비단 더 멋지고 인기 있는 남성성과, 도태되어야 할 남성성의 이분법으로 취급되지 않았으면 한다. 그 대신 여성혐오적 남성문화에 대한 성찰과 더불어 더 나은 남성문화를 만들기 위한 고찰로 이어졌으면 한다. 예컨대, 단톡방에 올라온 여성을 성적으로 대상화하는 사진들을 무심코 넘어간 적은 없었는지, 술자리에 오가는 이야기 중에서 그 자리에 여성 동료가 있었더라면 하지 않았을 말들은 없었는지 남성들이 자문해 볼 수 있었으면 한다. 형·동생 서열 정리에 연연하지 않는 위계 없는 남성문화는 어떤가? 여성을 성적인 대상으로만 바라보지 않고 동등한 인간으로 대우하는 태도는?

조롱과 경쟁 대신 서로를 돌보는 남성이 낯설지 않은 현실을 꿈꾼다. 가부장적이고 여성혐오적인 남성문화에 균열을 만드는, 무해한 너드남들이 그 변화의 시작이 되어주기를 기대해 본다.

언제까지 반성만 할 건가요

청년 남성의 페미니즘 실천

"얘 '남페미'래요!" 중고등학교에서 성평등 교육을 하다 보면 남학생들이 서로를 '남페미'(남성 페미니스트)라고 놀리며 키득거리는 모습을 쉽게 볼 수 있다. 그럴 때면 짐짓 눈치 없는 척하며 "엥? 나도 페미니스트인데? 그게 왜?"라고 끼어들어 페미니즘에 대한 케케묵은 오해를 풀곤 한다. 하지만 어렵게 페미니즘에 대한 오해를 풀어도 남페미라는 명칭을 향한 낙인만큼은 여전할 때가 많다. 많은 이들에게 남페미는 여성에게 잘 보이려고 절절매는 사람, 위선적인 사람 정도로 여겨진다. 나부터도 한동안 누군가가 나를 남페미라고 소개할 때면, 흠칫하여 애써 "페미니즘을 공부하고 있습니다"라고 정정하곤 했다.

'이대남'으로 묶을 수 없는 다양한 청년 남성

사회운동이 변화를 만드는 과정에서 오해를 사거나 반동을 겪는 일은 흔하지만, 남페미라는 말에 얼굴을 붉히거나 손사래 치는 일이 잦은 현실은 조금 더 이야기해 볼 만하다. 페미니즘과 페미니스트에 대한 편견과 오해, 혐오는 성별을 막론한다. 그럼에도 굳이 남성 페미니스트를 향한 낙인을 강조하여 이야기하는 까닭은 그것이 유난히 심각하고 복잡한 문제라고 생각해서가 아니라, 내가 관심을 기울여 온 주제이자 여전히 관련 논의가 부족한 주제라고 생각하기 때문임을 알아주었으면 좋겠다.

2015년 즈음, 이른바 '페미니즘 리부트'라고 하는 일종의 인식 혁명이 일어났다. 정치, 경제, 사회, 문화 등 한국 사회 곳곳에 뿌리 깊게 남아 있는 여성혐오와 성차별, 성폭력이 활발하게 논의되었고, 여러 우여곡절을 겪으면서 한 걸음씩 변화가 생겼다. 이 과정에서 청년 여성은 일상에서도, 광장에서도 변화의 주축이었다. 반면 청년 남성에게는 이러한 변화가 어색했다. 서로 다른 삶의 지평 속에서 청년 세대의 성별 간 인식 격차는 나날이 커져갔다. 이른바 '이대남'이라는 명칭 아래에서, 청년 남성은 반페미니즘을 견인하는 인구 집단으로 호명됐다. 청년 남성이 페미니즘에 무감한 것은, 이들이 가부장제와 성차별적인 사회에서 누려온 특권 때문이라는 것을 부정할 수는 없다. 하지만 어떤 인구 집단을 단일한 특성을 가진 존재로 단순하게 묶어서 이야기하는 것이 과연 가능할까?

'20대 남성 현상'을 다룬 한 논문에 따르면, "남성의 육아 수용"과 "여성 직장상사 수용", "여성의 주도" 등의 지표에서 20대 남성의 성평등 의식은 30대 여성보다 높은 것으로 나타났다.[7] 2019년 젠더미디어 〈슬랩〉에서 20대 800명을 대상으로 실시한 조사에서도 "맨스플레인을 하지 말아야 한다", "스킨십이나 섹스를 하는 중에 언제든 파트너의 의사에 따라 행위를 중단하는 게 당연하다"라는 문항에 대해 남성 역시 각각 71.3퍼센트, 85.4퍼센트가 동의한다고 응답했다.[8] 청년 남성의 페미니즘에 대한 인식에 이미 유의미한 변화가 나타난 것이다. 통계에 나타난 이런 변화를 차치하더라도, 청년 남성 전체를 한 집단으로 묶어서 이야기하는 것이 타자화를 통한 조롱과 책임 회피 외에 또 어떤 의미가 있을까? 이제 그 이상의 이야기를 해야 한다.

남성 페미니스트가 마주하는 장벽들

페미니즘 리부트 이후 전반적으로 높아진 성평등 의식은 분명 많은 남성 사이에 공명을 일으켰다. 친구들과 무심코 나누던 농담에 자신도 몰랐던 여성혐오가 녹아 있지 않은지 성찰하게 했고, 일부 남성은 페미니즘 책을 읽기도 했다. 그러면서도 누군가가 페미니스트인지 물으면 손사래 치기 바빴다. 비단 페미니스트에 대한 편견과 차별 어린 시선뿐 아니라, '내가 감히'라는 생각도 영향을 주었을 것이다. 나 역시 마찬가지로 페미니즘 관련 활동을 하고 집에 돌아온 날이면 밀려드는 과거의 기억에 대한 죄책감과 씨름해야 했다. '남성인 내가 감히 페미니스트가 될 수 있을까?' '여전히 성차별적이고 여성혐오적인 면이 있는 내가 감히 페미니스트가 될 수 있을까?' 그렇다고 가만히 있을 수는 없어서 꾸역꾸역 어떻게든 페미니즘을 실천하기 위해 시도했으나 넘어야 할 장벽은 그뿐만이 아니었다.

어떤 활동을 하면 좋을지 도통 방법을 찾기 어려웠다. 주변 남성들과 함께 책을 읽고 이야기를 나누며 변화를 만들고 싶었으나, 또래 남성들 사이에서 페미니즘은 감히 입에 담을 수 없는 일종의 금기였다. 애써 꺼낸 이야기가 방탄유리에 부딪힌 것처럼 금세 튕겨 나갔고, 관계는 자의 반 타의 반으로 소원해졌다. 그렇게 외로워하던 차에 용기를 내어 페미니즘 모임을 찾았다. 첫 모임에 모인 20명 남짓한 사람 가운데 남성으로 보이는 이는 나 혼자뿐이었다. 어색함과 뻘쭘함, 그리고 나 때문에 분위기가 불편해지는 것 같다는 생각 탓에 의기소침해져서 모임에 더는 나갈 수가 없었다.

다행히 대학에서 만난 좋은 여성 페미니스트 동료들이 있었으나, 이들과 이야기를 나누다 보면 페미니즘에 대한 내 생각과 고민이 너무 하찮고 별거 아닌 것처럼 느껴졌다. 이들이 일상에서 경험하는 성폭력 피해에 대한 공포와 성차별 경험을 나눌 때, 페미니즘 이야기를 나눌 친구가 없어 외로워하는 것은 스스로 생각해도 배부른 투정에 불과해 보였다. 같은 이야기를 하더라도 남성 페미니스트는 여성에 비해 더 많은 발언 기회와 주목을 받는다는 것 역시 고민이었다. 내게 주어진 '발화권력'이 다른 여성 페미니스트의 마이크를 빼앗을지 모른다는 불안감은 나의 페미니즘 실천을 더 쪼그라들게 했다. 더 큰 문제는 이런 고민이 비단 나만의 경험이 아니라는 것이다. 남성성에 대한 고찰로 저명한 래윈 코넬은 "페미니즘과 성정치를 이야기하는 남자들의 전형적인 모습"을 다음과 같이 지적했다.

> 남자들은 기대와 태도, 개인적 스타일과 대면적 상호 작용에 초점을 맞추지, 경제적 불평등이나 제도화된 가부장제 또는 정치 운동으로서 페미니즘에는 별로 관심이 없다.[9]

내가 '남성과 함께하는 페미니즘'에서 활동하며 만난 동료 남성 페미니스트들도 제도 개선을 위해 정치적 목소리를 내거나 전면에 나서기보다는 여성 활동가들의 뒤에서, 또는 일상에서 변화를 시도하겠다고 이야기하는 경우가 많았다. 이들은 자신에게 페미니스트가 될 자격이 있는지, 지나친 발화권력을 누리는 것은 아닌지 염려하는 것처럼 보였다. 이러한 성찰은 분명 의미 있지만, 한편으로는 자신의 역할을 한정 짓고, 페미니즘 실천을 주저하게 하는 한계로 작용했다.

속죄 페미니즘을 넘어 적극적인 개입으로

나와 동료들은 남성 페미니스트들의 소극적인 태도

를 '속죄 페미니즘'의 한 모습이라고 이야기했다. 속죄 페미니즘이란 남성들이 페미니즘에 공감하며 과거의 잘못을 '속죄'하면서도 페미니즘을 여성만의 것으로 여기는 탓에 자신의 역할과 실천에 제약을 두는 경향을 말한다. 우리는 이러한 태도를 비판하며 경계했지만, 속죄하는 과정 자체가 불필요하다는 것은 아니다. 사회구조를 비판하는 동시에 사회의 일원으로서 살아가며 습득한 자신의 성차별적 사고와 태도를 성찰하는 것은 성별을 불문하고 모두에게 필요하다. 문제는 그 성찰이 속죄에 머물 때 발생한다.

현실에서 발생하는 차별과 폭력은 사회구조에 크게 영향받는다. 영화 〈82년생 김지영〉을 생각해 보자. '김지영'이 겪는 성차별이 모두 남편 '정대현' 때문이던가? 오히려 정대현은 김지영에게 공감하며 함께 눈물 흘리는 꽤 좋은 남편으로 나온다. 그럼에도 김지영이 겪는 수많은 문제, 예컨대 출산 이후 여성의 경력이 단절되는 현실은 공감만으로는 개선되지 않는다. 사회구조적 문제이기 때문이다. 정대현의 문제 역시 사회구조적 문제를 함께 고민하기보다는 공감하며 눈물을 흘리는 데 그치고, 김지영에게 고작 육아를 '돕겠다'고 말하는 소극적인 태도에 있다.

'페미니스트 자격'과 발화권력을 이유로 뒤에서 '돕겠다'고 말하는 태도는 페미니즘 실천에서 여성들이 겪는 고단함을 외면하는 일종의 회피가 아닐까? 그렇게 남성들이 모두 도망치면 결국 변화가 절박한 여성들만 남게 되지 않을까? 한국 사회의 젠더권력과 남성의 위치성에 대한 성찰은 필요하다. 여성혐오와 성차별이 만연한 사회에서 이를 무의식적으로 답습했던 개인의 역사를 돌아보며 여전히 남아 있는 차별적인 인식을 반성하는 것 역시 중요하다. 하지만 변화를 위한 실천으로 이어지지 않는 속죄는 자기기만이나 허영에 지나지 않을지 모른다.

그동안 페미니스트를 자처한 남성들이 세간의 과도한 주목을 받았다가 실망을 남기고 사라지는 일이 반복되었다. 그 과정에서 남페미는 유니콘과 같은 상상 속 동물로 묘사되거나, 조롱의 대상으로 전락해 버렸다. 그러나 포기하기엔 이르다. 문화평론가 최태섭은 『한국, 남자』에서 "새로운 주체는 하늘에서 떨어지는 것이 아니라 그것이 형성되는 사회적 과정에 개입하고 그 과정을 바꾸어 내는 것으로" 나타난다고 말했다.[10] 즉, 남페미를 둘러싼 지금의 소란은 실패의 방증이 아니라 남성들의 변화가 시작됐음을 알리는 신호다.

우리에게는 더 많은 시행착오가 예정되어 있다. 누군가는 비웃고 손가락질하겠지만, 그 과정 끝에 결국 남성 페미니스트에게도 '남성'이라는 수식어가 불필요해지는 순간이 올 것이라 믿어 의심치 않는다.

PART 2

교실에서 만난 남성성(들)

아무것도 하지 않기를 선택한 남성들

남성문화 속 냉소와 체념

정치권에서 청년 남성의 요구라는 미명하에 여성가족부 폐지를 비롯한 반페미니즘·여성혐오 메시지를 무책임하게 쏟아 냈다. 일부 이야기는 교육 현장에서까지 울려퍼지며 골머리를 앓게 했다. 그렇지만 막상 교육 현장에서 만나는 남성들은 온라인 커뮤니티에서 보듯 혐오로 똘똘 뭉쳐 있는 납작한 존재가 아니었다. 대부분은 제각각의 환경과, 그 안에서의 경험, 자신의 생각을 다양하게 발산하는 입체적인 존재였다. 다만 그 다양한 모습을 꿰뚫는 한 가지 공통점이 있다면, 이들과 진정으로 만나기 위해서는 '무관심'을 뛰어넘는 과정이 필요하다는 것이었다.

계급이동이 좌절된 이들의 '두잉 낫싱'

악플보다 무서운 게 무플이라고 했던가? 교육 활동 초반, 참여자들이 교육 내용에 저항하며 인터넷에서 본 가짜 뉴스를 쏟아 내는 모습을 상상하곤 했다. 하지만 지금은 부정적 의견을 드러낼 때보다 아무런 의견 없이 천진한 얼굴로 침묵하는 참여자들을 마주하는 게 가장 어렵고 두렵다.

최근 한 학교에서 성별 분리 수업으로 남학생반 수업을 진행했다. 나름대로 교육을 잘 마쳤다고 생각해서 뿌듯하게 다른 반 선생님들과 소회를 나눴는데, 여학생반의 결과물을 보고 주눅이 들었다. 각양각색 필기구로 꾸며 화려하기도 했지만, 딱 봐도 엄청나게 알찬 이야기들이 오갔음을 짐작할 수 있었다. 교육에 참여한 청소년들에게 들은 이야기들을 나누었는데, 아니나 다를까 참여자의 성별에 따라 관심 정도나 이해의 측면에서 비교가 불가능했다.

성별에 따라 학습 태도에서 두드러진 차이가 나타난다는 건 여러 선생님의 공통된 경험이었다. 같은 나이의 참여자에게 같은 내용으로 교육을 하더라도 차이가 생기곤 한다. 단지 우연의 연속이거나 막연한 편견일까? 어떤 이들은 청소년기 성별에 따라 성장 속도가 다른 것을 이유로 꼽기도 하지만, 이유가 단지 그뿐일까? 나는 여성 참여자의 결과물이 훨씬 더 알찬 것이 단지 여성 청소년들의 미감, 혹은 발육 등의 생물학적 차이 때문만은 아니라 생각한다. 애초에 활동에 임하는 태도가 너무 다르기 때문이다. 그리고 이러한 차이를 만드는 것은 남성문화 전반에 깔려 있는 체념과 냉소라고 생각한다.

'이대남' 담론이 한창 뜨거웠을 때, 「KBS 세대인식 집중조사」가 화제를 일으켰다. 이 조사에 따르면, 청년 남성 대다수는 여성-남성 간 임금 격차뿐 아니라, 고졸자-대졸자 간, 비명문대 출신-명문대 출신 간 임금 격차에 대해서도 높은 비율로 공정하다고 응답했다. 청년 남성들은 환경문제에 대해서도 다른 성별·세대와 달리 유난히 "환경보다 개발이 중요하다"라는 의견에 높은 비율로 동의했고, "포괄적 차별금지법 입법"과 "성평등 정책 강화" 등 인권 문제에는 높은 비율로 반대했다.[1]

이 조사를 진행한 기획팀에서도 우려했듯, 단편적인 자료만으로 청년 남성 전체를 어떤 모습이라고 낙인찍을 수는 없다. 다만 이 조사 결과에서도 청년 남성 중 적지 않은 이들에게서 체념과 냉소의 태도가 엿보인다. 공정과 능력주의를 이유로 기존의 권력 구조에는 체념하고, 변화를 만들고자 하는 시도에 대해서는 냉소를 보이는 것이다. 여성학 연구활동가 권김현영은 『대한민국 넷페미史』에서 문화비평가 폴 코리건Paul Corrigan이 "두잉 낫싱Doing Nothing"이라고 개념화한 남성들의 하위문화를 소개한다.[2] 두잉 낫싱은 말 그대로 아무것도 안 하기다. 계급이동이 좌절된 하층계급 남성들이 좋은 성적을 얻거나 돈을 벌기 위해 애써 노력하지 않고, 그저 실없는 소리나 하며 시간을 낭비하는 태도를 일컫는다. 나는 체념과 냉소로 일관하는 한국 사회 청년 남성들의 태도가 이와 맥락을 같이한다고 생각한다. 이 남성들은 적극적으로 '아무것도 하지 않기'를 선택하고 있다.

체념과 냉소가 아니라 돌봄이 필요하다

학교 교육에서 피하고 싶지만, 꼭 만나게 되는 유형의 참여자가 있다. 내 나름대로 이들에게 '어그로꾼'이라는 이름을 붙여보았는데, 여기서 '어그로aggro'는 상대방이 자신을 공격하게끔 유도한다는 의미로 주로 온라인 게임에서 사용되는 용어다. 어그로꾼들은 강사와 다른 교육 참여자의 관심을 끌기 위해 일부러 혐오표현을 쓰거나, "저는 차별 안 했는데요!"라는 식의 딴지를 걸거나, 맥락과 전혀 상관없는 농담으로 주변 친구들을 웃기려 하는 등 교육을 방해하는 이들이다. 자신들이 학교에서 학업성적이나 학습 태도로 선생님의 인정을 받거나, 운동 혹은 싸움 실력, 외모 등으로는 주변 친구들의 관심을 끌기 어렵다는 것을 알고 있는 어그로꾼들은 이런 방식으로라도 관심을 받고자 한다. 이들의 사정을 왜 그렇게 잘 아냐면, (교육 현장에서 많이 보기도 했지만) 나 역시 그런 청소년이었기 때문이다.

남성연대는 헤게모니적 남성성을 필두로 피라미드 형식의 공고한 위계질서를 형성한다. 탈락은 곧 폭력의 대상이 되는 것이라고 여기며 남성들은 어떻게든 그 피라미드 구조에 올라타려 발버둥을 친다. 힘을 기르거나 좋은 성적을 얻거나 부를 과시하는 방식은 물론이고, 폭력성을 드러내는 것 역시 그런 발버둥의 일환이다. 어떤 이들은 나약함을 감추기 위해 자기 파괴적인 모습으로 빈약한 자아를 부풀린다. 스스로를 '루저', '아싸' 등으로 칭하며 자조하는 놀이 문화를 만들기도 한다.

학창 시절, 나와 친구들은 서로의 불행을 겨뤘고, 더 과감하고 무모하게 행동하는 친구를 '상남자'라며 칭송했다.

미래를 계획하거나 학업에 심취하는 것은 유치하고 '쿨하지' 못한, '찌질한' 모습으로 치부했다. 한번 이 문화에 포섭되면 벗어나기 어렵다. 이미 불행의 공동체가 된 이들이 똘똘 뭉쳐 아무도 벗어날 수 없게끔 서로를 감시할 뿐 아니라, 냉소와 체념의 중독성이 강력하기 때문이다. 말 그대로, '포기하면 편하다'. 그래서 나는 "어차피 이번 생은 망했어"를 입버릇 삼아 그 안온한 체념의 세계에 살았다. 누군가가 조금이라도 희망이나 변화를 말할라치면, 냉소로 일갈했다. 그건 변화를 기대했다가 또다시 실패하고 좌절하지 않을까 하는 두려운 마음 탓에 드러내는 송곳니 같은 거였다.

인류학자 마거릿 미드Margaret Mead는 인류 문명 시작의 증거로 부러졌다 붙은 흔적이 있는 다리뼈를 꼽았다. 고양이보다 느리고 원숭이보다 약한 인간이 지금까지 생존해서 문명을 세울 수 있었던 이유는 다름 아닌 누군가가 다치고 약해졌을 때, 서로를 돌보는 마음과 능력 덕분이라는 것이다. 도무지 변화할 것 같지 않은 세상에서 공허함을 느끼다가도 가장 취약할 때 받는 호의와 돌봄이 계속 살아갈 힘을 준다. 아무것도 하지 않으려는 남성들의 냉소와 자조는 한편으로 더 절박하지 않아도 되는 특권에 기대고 있다는 점에서 기만적이다. 그러나 동시에 자신의 약한 모습을 드러내면서도 스스로를 돌보지 못하는 남성성의 한계를 보여주는 현상이기도 하다.

천사 같은 누군가가 등장해서 불쌍한 자신을 돌보고 사랑해 주기를 바라는 것은 판타지 같은 이야기이고, 스스로를 그 구원 서사의 주인공으로 생각하는 것은 자의식과잉일 뿐이다. 청년 남성들은 먼저 자기 자신을 돌보고, 여성을 비롯한 소수자를 돌아보며, 인간이 서로를 돌본다는 것의 가치와 의미를 재구성해야 한다. 체념과 냉소를 멈추고 변화를 이야기해야 한다. 그것은 나약함의 반증이거나 낯부끄러운 일이 아니며 도리어 당연하고 자연스러운 일이자 인간으로 살아가는 방법이다.

이상한 변호사 권민우의 반쪽짜리 공정

여성정책은 남성에 대한 역차별일까

가끔 꽂히는 드라마가 있다. 〈이상한 변호사 우영우〉가 그랬다. 자폐스펙트럼장애가 있는 천재 변호사 '우영우'의 로펌 생활을 다룬 드라마로 슴슴하면서도 따뜻한 매력이 있었다. 드라마에는 우영우와 함께 그의 입사 동기인 '최수연'과 '권민우'까지 세 명의 신입 변호사가 등장한다. 무해한 매력의 우영우·최수연과 달리, 권민우는 '권모술수 권민우'라고 불리며 자신의 이득을 위해 업무와 관련된 중요 정보를 동기들에게 제대로 공유하지 않는 등 얄미운 짓을 일삼는다.

권민우가 보여준 청년 남성의 '공정 감각'

권민우가 그렇다고 마냥 납작한 악역은 아니다. 이른바 '뒷배'가 없다는 절박함과 치열한 경쟁이 그를 권모술수로 내몰았을 거라는 추측이 가능하다. 그의 모습에서 요즘 청년 남성들이 느끼는 분노와 억울함, 그리고 왜곡된 '공정 감각'이 느껴진다. 드라마 중반, 권민우는 우영우가 공식적인 절차가 아니라 아버지 '빽'으로 회사에 입사했다고 의심하며 분노한다. 그에게 우영우는 사회적 약자가 아니라 오히려 강자이며, 동료가 아니라 경쟁자일 뿐이다. 그냥 경쟁자가 아니라 엄청난 재능이 있으면서 부당한 특권까지 등에 업고 있는 비열한 경쟁자다. 그렇기에 권민우는 상사인 '정명석' 변호사와 동기인 최수연 변호사가 우영우에게 보이는 '봄날의 햇살' 같은 선의를 냉소한다. 이 경쟁은 공정하지 못하다고 일갈하지만, 그 분노의 칼끝은 상사, 채용 담당자, 대표, 혹은 회사나 사회구조가 아닌 우영우만을 향한다. 그의 모습은 여러모로 청년 남성들을 떠올리게 한다.

이런 캐릭터에게서 청년 남성에 대한 기시감을 느끼는 것이 누군가는 불쾌하고 억울할지 모른다. 하지만 근거 없는 기시감은 아니다. 최근 몇 번의 굵직한 선거를 치르는 동안, 기성 언론과 정치권은 이른바 '이대남'이라는 정체 모를 존재들이 등장했다며 호들갑을 떨어댔다. 좋든 싫든 그 집단에 속한 한 사람으로서 이야기를 얹지 않을 수 없었다. 일부의 목소리가 전체를 대변하는 양 과대대표되는 등 여러 문제는 있지만, 요즘 '이대남'이라고 이야기되는 청년 남성의 특징은 유난히 페미니즘을 싫어할뿐더러 각종 소수자 이슈에 무관심하거나 지나치게 배타적이라는 것이다.

교육 현장에서도 이런 분위기를 느낄 수 있다. 어린이, 청소년, 청년을 불문하고 남성 대상 성평등 교육을 할 때면 빠지지 않고 나오는 이야기가 있다. 초등학교 5학년 교실에서 성평등 교육을 할 때였다. 한국 사회에서 여성이 겪는 구조적 차별을 이야기하던 중에 한 남자 어린이가 이렇게 소리쳤다. "그런데 여자는 군대 안 가잖아요!" 여성을 향한 차별과 폭력에 공감하던 다른 어린이들은 뜬금없는 그 이야기에 말문이 막혔고, 교실 분위기는 싸해졌다. 교실은 곧 각자 누가 더 피해자이고 약자인지 경쟁하고, 억울함을 호소하는 장으로 변했다. 중고등학교로 올라가면 상황은 더 심각해진다. 군대 이야기만 나오면 거의 모든 남학생이 한숨을 푹 내쉬며 억울해한다. "어떻게 하면 좋을까?"라고 물으면, "성차별이니까 여자도 군대 가야죠"라는 볼멘 대답이 나온다. 분노는 여성전용 주차장과 여성전용 휴게실 등 여성정책 전반으로 빠르게 번져나간다.

화룡점정은 '여성할당제'다. 많은 남성이 여성할당제를 불공정한 '역차별'의 대표적인 사례로 언급하며 '불공정'에 분노한다. 이런 분노와 억울함은 일견 그럴싸해 보인다. 실제로 여성가족부의 보고에 따르면, 2022년 기준 "교육·직업훈련" 영역의 성평등 점수는 100점 만점에 94.8점이다.[3] 학교에서 남학생이 반장, 여학생은 부반장을 맡던 시절은 오래전에 지났고, 대학 진학률과 학업 성취도의 차이도 없어진 마당에 성차별이라니… 고리타분한 옛날이야기처럼 느껴질 수도 있다. 게다가 한국 사회의 치열한 경쟁 속에서 고군분투하는 개인은 스스로가 가엾은 마음이 들기 마련이다. 그러니까, 청년 남성들에게 여성정책은 안 그래도 각종 경쟁으로 힘들어서 울고 싶던 와중에 뺨 때려준 격인 셈이다. 그래서 이들은 분노하며 공정을 요구한다.

시스템이 아니라 개인을 향하는 분노

많은 이들이 한국 사회가 당연히 공정해져야 한다고

여기지만, 막상 그 '공정'이 무엇이어야 하는지는 잘 질문하지도 이야기하지도 않는다. 앞서 이야기한 권민우, 그리고 청년 남성들이 주장하는 공정이란 무엇일까? 권민우의 분노와 공정에 대한 감각은 다분히 선택적이다. 우영우를 강자라고 말하지만, 우영우가 뛰어난 성적과 실력을 갖추고도 자폐스펙트럼장애가 있다는 이유만으로 취업 과정에서 번번이 차별받은 현실은 모른 체한다. 그는 상사인 정명석이나 대표 '한선영' 앞에서는 분노하지 않으며 고분고분 '사회생활'을 한다. 하지만 이들이 없을 때는 동료 최수연과 우영우를 윽박지르며 분노를 표출한다. 그리고 정작 불공정한 사회구조에 대해서는 분노하지 않는다. 이처럼 선택적인 분노의 방향은 그가 이미 한국 사회의 권력 구조와 특권을 너무 잘 체화하고 있음을 보여준다.

군대 문제에 대해 분노하는 남성들도 마찬가지다. 이들은 남성 예비역들이 "요즘 군대가 군대냐?"라고 비아냥거리는 말에는 분노하지 않는다. 군대 내 부조리, 비리와 폭력에 분노하고 개선을 요구하기보다는 옆에 있는 여성이 군대 가지 않는다는 것에만 손쉽게 분노한다. 이때 이들이 이야기하는 공정은 실로 한국 사회의 공정함을 위하기보다는 자신의 이익과 분노를 정당화하는 명분에 불과하다.

남성에게는 몰라도 되는 특권, 잘 몰라서 분노할 수 있는 특권이 있다. 예컨대 여성전용 주차장이 만들어진 이유를 몰라도, 여성할당제의 실상을 몰라도 남성들은 살아가는 데 아무런 지장이 없다. 여성전용 주차장은 어둡고 폐쇄된 지하주차장 같은 공간에서 자주 발생하는 여성 대상 폭력을 예방하기 위해 만들어졌다. 많은 남성이 여성할당제는 역차별이라고 분노하는 것이 무색하게도, 한국 사회에서 제대로 기능하는 여성할당제는 존재하지 않는다. 공무원 채용 과정에 '양성평등채용목표제도'가 있지만, 이는 특정 성별의 합격자 비율이 30퍼센트 미만일 경우 해당 성별을 추가 합격시키는 제도로서, 제도가 시행된 이래 추가로 합격된 인원은 남성이 여성보다 800여 명이나 더 많았다.[4]

앞서 여성가족부의 보고에 따르면 2022년 기준 "교육·직업훈련" 영역의 성평등 점수가 90점을 웃돈다고 언급했다. 하지만 같은 자료에서 "경제활동" 영역의 성평등 점수는 70점대, "의사결정" 영역은 30점대를 벗어나지 못하는 수준이었다. 즉, 조금만 시야를 넓혀서 바라보면 한국 사회가 여전히 너무나도 성차별적이며, 여전히 공정을 위해서는 각종 여성정책이 필요함을 알 수 있다. 하지만 어떤 남성들은 몰라도 되는 특권에 기댄 채 현실을 알려고 하지 않는다. 이들은 취약한 계층의 남성을 위한 정책을 만들어 달라고 주장하기보다는, 공정을 빙자하여 여성정책과 여성기구의 폐지만을 이야기한다. 이들은 한국 사회의 권력구조가 기울어져 있음을 사실 알면서도, 이를 손쉽게 외면하고 중립적인 척 '공정'을 주장한다.

공정이라는 울타리

공정은 마땅히 지켜져야 할 공동체적 가치다. 그 때문에 어떤 이들은 심지어 자신에게 불리한 경우에도 기꺼이 공정을 위해 노력한다. 그런 모습은 감동을 주며 더 많은 사람이 공동체의 공정을 위해 노력하도록 한다. 그것은 개인의 유불리를 뛰어넘는 공정이 공동체의 구성원들을 지켜왔고 또 그 공동체를 지속 가능하게 만들기 때문이다. 그러므로 공정을 요구하는 주장은 공동체의 역사적 맥락 속에서 이야기될 때 비로소 힘을 갖는다. 한국 사회가 공정이라는 탑을 쌓아온 역사적 배경과 맥락을 돌아보지 않고, 개인의 이익만을 위해 공정을 명분으로 삼는다면 어떻게 될까?

우화 속 양치기 소년은 자신의 즐거움만을 위해 마을 사람들의 선의와 약속을 남용하다가 결국 신뢰라는 공동체적 가치를 파산에 이르게 한다. 그 결과는 모두가 알다시피 파국이다. 한국 사회의 권력구조를 살피지 않고, 개인의 이익을 정당화하기 위해 약자를 향해서만 분노를 쏟아 내며, 반쪽짜리 '공정'을 남용하는 것 역시 마찬가지다. 공정을 빙자하며 끊임없이 그 가치를 갉아먹는다면, 공정은 힘을 잃고 냉소만 남는다. 무한경쟁과 적자생존, 각자도생의 늑대가 무너진 공정의 울타리를 타고 넘을 것이다. 양이 모두 잡아먹히고 남는 건 만인에 대한 만인의 투쟁뿐이다.

"아기는 어떻게 생겨요?"

과거에 머물러 있는 성교육

"아기는 어떻게 생겨요?" 초등학교 저학년부터 고학년까지 학년을 가리지 않고 나오는 단골 질문이다. 정말 천진난만하게 묻는 어린이가 있는가 하면, 이미 모든 것을 알고 있다는 듯 능글맞은 웃음과 함께 질문하는 어린이도 있다. "그러게요? 우리는 어떻게 태어났을까요?" 하고 되물었을 때, "엄마, 아빠가 손잡고 자면 돼요!" 정도의 이야기가 나오면 그나마 양반이다. 대개 어린이들은 깔깔거리며 자신이 집에서 들은 각종 '탄생 설화'를 들려준다. "황새가 물어다 줬다", "다리 밑에서 주워 왔다" 같은 클래식한 이야기부터 최근에는 대형 마트에서 구해 왔다는 새로운 버전의 이야기까지 그 종류도 다양하지만, 여전히 어린이들이 그 답을 정확하게 알고 있는 경우는 드물다.

사실 생각해 보면 내가 받은 교육도 그랬다. 아기는 어떻게 생기냐는 질문에 많은 어른이 그저 머쓱해하며 웃어 넘기거나 딴청을 피웠고, 심지어는 뭐 그런 걸 궁금해하냐며 벌컥 화를 내기도 했다. 그나마 친절한 몇몇 어른이 "같이 자면 된다"라고 이야기해 주는 바람에 나는 한동안 수련회에 가서 함께 잠들었던 친구들을 떠올리며 두려워했다. 그로부터 꽤 오랜 시간이 지났음에도 '탄생'에 대한 어린이들의 근원적이고 철학적인 관심과 질문은 여전히 "크면 다 알게 돼!"라는 말로 자주 얼버무려진다.

정말로 크면 다 알게 되나요

성에 대해 궁금해하던 어린이는 훌쩍 자라 성교육을 하는 어른이 됐고, 그때 대답을 얼버무리던 어른들의 마음도 조금은 이해하게 됐다. 사실 그 어른들도 어떻게 답해야 할지 잘 몰라서 그랬을 거다. 실제로 교육 현장에서 자녀 성교육 문제로 골머리 앓는 양육자들을 자주 만난다. 그나마 양육자가 성교육을 찾아다니고, 자녀도 그 교육을 들을 수 있는 환경이라면 다행이다. 그렇지 않은 경우가 훨씬 더 많다. 특히 자녀 성교육에 관심 있는 남성 양육자는 유니콘처럼 희귀하다. 일부러 퇴근 후 올 수 있도록 저녁 시간대로 교육 일정을 잡고 "아빠를 위한"이라는 타이틀을 걸어보아도 참여자 모집이 쉽지 않다.

교육을 들으러 온 여성 양육자들의 이야기를 들으면 한숨이 더 커진다. 아들이 성에 관심을 갖는 것 같아 성교육을 해주고 싶은데, 자녀가 민망할까 봐 남편 옆구리를 찔러보아도 "크면 다 알게 된다", "원래 그러면서 크는 거다" 등의 이야기로 딴청만 피운다는 것이다. 2018년 한국여성정책연구원에서 약 4,000명의 중학생을 대상으로 실시한 조사에 따르면, 청소년들이 성에 대한 정보를 획득하는 경로 중 "부모님"은 고작 2.3퍼센트다. "학교 성교육" 48.9퍼센트, "SNS, 유튜브 등 인터넷" 22.5퍼센트, "친구" 17.1퍼센트 등과 비교하면 더욱 비극적인 수치다.[5]

가장 큰 문제는 양육자가 성에 호기심을 갖는 자녀에게 호통을 칠 때 생긴다. 자연스럽게 생겨나는 성에 대한 호기심을 감추고 억누르려 할수록 성과 관련해 부모와 소통할 수 있는 연결고리는 단절된다. 안 그래도 성에 대해 보수적인 사회인데 가장 친밀하고 의지할 수 있어야 할 관계에서 느끼는 수치심과 죄책감은 위험한 상황에 처했을 때 벗어나기 어렵게 만드는 올가미가 된다. 실제로 온라인 그루밍 성폭력에서 "부모에게 알리겠다"라는 말이 피해자의 언어가 아닌 가해자의 협박으로 쓰이는 상황이 반복되고 있다. 이러한 현실은 앞서 언급한 한국여성정책연구원의 조사 결과에서도 드러난다. 성에 대한 고민이 생겨도 "혼자 인터넷이나 책을 통해 정보를 찾아"보는 비율이 35.2퍼센트로 가장 높았고, "친구와 상의"한다고 응답한 비율은 30.8퍼센트였다. "부모님과 상의"한다는 비율은 그 절반 정도인 15.9퍼센트에 불과했다. 이처럼 청소년의 성에 무관심하고, 더 나아가 금기시하는 가정과 사회의 분위기로 인해 많은 청소년이 성폭력, 성매개 감염 등을 경험해도 도움을 청하지 못하고 혼자 고민하다가 문제가 커지는 경우가 반복되고 있다.

가정에서 시작하는 성교육

어떤 어른들의 말처럼 성에 대해 저절로 다 알게 된다면 얼마나 좋을까? 하지만 수학이나 영어 공부와 마찬가지로 성에 대한 이해 역시 저절로 되지는 않는다. 모두 쉬쉬하고 '자연스레'라는 말로 외면한다면 성교육의 빈자리는 결국 '야동'이 채우게 될지 모른다. 2020년 한국여성정책연구원에서 초·중·고등학생 약 8,900명을 대상으로 조사한 자료에 따르면, 청소년의 48.6퍼센트가 음란물을 본 적 있다고 응답했으며, 최근 1년간 얼마나 자주 봤는지에 대한 물음에는 절반을 훌쩍 넘는 61퍼센트가 반복적으로 음란물을 시청하고 있다고 응답했다.[6]

이런 상황을 규제로 개선할 수 있다는 믿음은 안타깝지만 환상에 가깝다. 성인용 영상물 이용 경험이 있다고 응답한 청소년을 대상으로 온라인 매체에서 성인 인증을 했는지 조사한 결과, "인터넷 개인방송 및 동영상 사이트"가 56.5퍼센트로 그나마 가장 높은 편이었으나, 고작 절반 수준에 지나지 않았다. "인터넷 포털사이트" 63.8퍼센트, "인터넷 소셜네트워크 서비스" 59.9퍼센트, "파일 다운로드 사이트" 65.3퍼센트가 성인 인증을 하지 않고 있었다.[7] 즉, 청소년들은 온라인 공간에서 성인 인증이라는 규제를 어렵지 않게 뛰어넘고 있다.

통제와 방치 사이에서 우리가 나아가야 할 방향은 성에 대한 이야기를 금기시하지 않고, 자연스럽고 안전하게 성에 대해 소통할 수 있는 환경을 만드는 것이라 믿는다. 특히 가정은 어린이·청소년이 성에 대한 인식을 가장 먼저, 또 가장 많이 접하게 되는 공간이라는 점에서 더욱 중요하다. 어떻게 말문을 열면 좋을까? 양육자들이 가장 어려워하는 '탄생 설화'부터 살펴보자. 중요한 건 맥락이다. 사실 자녀들이 궁금해하는 건 임신 과정보다, '우리 부모가?'에 가깝다. 가정 내에서 손도 잡지 않고 성을 존재하지도 않는 것처럼 취급하던 부모가 알고 보니 성적인 존재였다는 것을 알게 되면서 괴리감을 느끼는 것이다. 그러므로 가정에서 할 수 있는 성교육은 얼마나 매끄럽고 정확하게 내용을 잘 전달하는지보다 어떻게 이 괴리감을 줄일 것인지가 중요하다.

그 점에서 가장 경계해야 하는 말이 바로 "가족끼리 그러는 거 아니야"다. 농담처럼 이야기되는 이 말에, 성을 금기시하는 문화가 그대로 내포되어 있기 때문이다. 성을 금기시하기보다는 조금씩 이야기 주제를 넓혀나가 보면 어떨까? 대단히 거창하거나 진지할 필요는 없다. 엄마와 아빠가 어떻게 만나게 되었는지부터, 어떻게 서로 사랑하게 되었고, 어떤 고민을 거쳐 자녀를 갖기로 결심했는지까지 차근차근 말이다. 가정에서부터 성이 우리의 삶과 얼마나 밀접한 주제인지 이야기한다면, 자녀들도 괴리감 없이 성을 자연스럽게 받아들일 것이다. 이런 성교육이야말로 학교에서 절대 할 수 없는, 그러나 가장 필요한 성교육이지 않을까?

청소년의 성에 대해 더 이야기하자

어린이·청소년이 성에 대해 갖는 각종 호기심을 말하자면 끝이 없다. 단적으로 학교에 비치된 많은 책 중 가장 너덜너덜한 책은 늘 성과 관련된 교육 도서다. 그만큼 중요한 성교육이지만, 사실 나도 성교육의 중요성을 잘 알지 못했다. 심지어 학창 시절 배웠던 기억을 토대로 성교육이 그저 정자, 난자 이야기만 하는 고리타분한 주제라고 생각했다.

생각이 바뀐 건 'N번방 사건'을 목격하고 나서다. 그 사건에서 청소년을 포함한 수많은 남성이 자신의 '성적 욕구'로 인해 범죄를 저질렀다고 변명했다. 그러나 그 사건 어디를 살펴보아도 성적 욕구는 없다. 그저 타인을 지배하고 괴롭히는 폭력뿐, 어디에도 성적인 욕구라 할 만한 건 없었다. 대체 무엇이 이들로 하여금 성적인 욕구와 폭력을 구분하지 못하게 했을까? 청소년의 성에 대한 욕구와 호기심을 기성세대가 외면하고 이들을 성적 주체로 인정하지 않는 사이, 청소년들에게 무방비하게 노출된 폭력적이고 성차별적인 음란물 때문은 아닐까? 그렇다면 그것은 청소년의 성을 외면하고 방치한 기성세대의 잘못이기도 하지 않을까? 청소년 가해자들이 사건의 원인인 동시에 결과이기도 하다는 현실을 직시하고 함께 변화를 만들어야 한다.

청소년의 성을 더 이상 쉬쉬하지 말자. 청소년들을 성적 주체로 인정하고, 이들이 안전하고 즐겁게, 그리고 무엇보다 타인을 존중하며 자신의 성적 욕구를 탐구할 수 있게 해야 한다. 성교육이 바로 그런 역할을 할 수 있고, 또 해야 한다고 믿는다. 물론 갈 길은 멀다. 최근에도 보수적인 종교·정치 세력의 입김으로 의해 성교육 예산이 삭감되고, 관련 도서가 폐기되는 등의 일이 있었다. 이런 움직임이 계속되면 성교육은 앞으로도 정자, 난자 이야기에 그치게 될지 모른다. 일선의 성교육 활동가들은 교육 준비에도 모자란 시간을 쪼개어 청소년에게 정말 필요한 교육을 할 수 있는 환경을 위해 투쟁을 병행하고 있다.

앞으로도 어린이들은 계속 아이가 어떻게 생기는지 궁금해할 것이다. 청소년들은 지금도 유해한 음란물에 노출되어 있다. 과거 어른들의 미숙했던 대답이, 성을 숨기고 외면했던 태도가 불러온 끔찍한 결과를 기억하자. 같은 문제를 반복하지 않기 위해서는 특정 정파와 종교에 휘둘리는 성교육이 아니라, 지금 이 시대를 살아가는 어린이·청소년의 눈높이에 맞는 성교육이 필요하다.

나는 교복 데이트가 하고 싶었다

청소년의 성과 연애

무슨 망측한 제목인가 싶어 놀랐다면 진정해도 좋다. 그 이야기이기도 하지만, 또 그 이야기만은 아니기도 하니까. 나는 청소년 시절에 교복 데이트를 하고 싶었다. 흠모하던 이와 놀이터에서 꽁냥거리며 분식집 떡볶이를 나눠 먹는 데이트를 상상해 보기도 했다. 성인이 된 지금은 놀이터가 아니라 놀이공원도 얼마든지 갈 수 있고(사람이 많아서 잘 안 가지만), 컵 떡볶이의 10배가 넘는 금액의 배달 떡볶이를 별 고민 없이 시킬 수도 있지만(소화가 안 돼서 잘 못 먹지만), 여전히 청소년 시절의 연애를 더 아름답고 낭만적이라고 생각한다. 그저 내가 갖지 못해서, 혹은 추억 보정이 되어서 그럴 수도 있겠지만 실로 그때만 할 수 있는 것, 그때만 느낄 수 있는 감정이 있다. 그래서 나는 "연애는 어른 되고 하면 돼", "나중에 실컷 해" 같은 말이 싫다. 어떤 감정과 추억은 나중엔 영영 찾을 수 없으니까.

현실과 동떨어진 성교육

요즘 학교에서 연애를 주제로 강의할 때가 많다. 그렇다고 '짝사랑 성공법' 같은 내용은 아니고, 연애를 중심으로 다양한 성교육을 진행한다. 흔히 '성교육' 하면 몸, 그중에서도 생식기관과 관련된 교육만 떠올리는 경우가 많기에 연애로 성교육을 한다고 하면 어리둥절해하는 반응이 많다. 하지만 성교육은 비단 몸에 대한 이야기일 뿐 아니라, 성적인 욕구와 감정, 성을 매개로 이루어지는 관계, 성을 둘러싼 사회 전반에 대한 이야기가 되어야만 한다. 그러므로 연애는 성교육에서 더할 나위 없이 중요한 주제다. 우리는 연애를 통해 자신의 몸과 성적 욕구를 탐구해 나가기도 하고, 매력을 어필하는 과정에서 성 역할 고정관념을 답습하며 자괴감에 빠지기도 한다. 게다가 연애 과정에서 발생하는 갈등을 통해 젠더권력과 동의에 대해 배우기도 하고, 안타깝지만 때로는 사회적 낙인과 폭력에 노출되기도 한다.

문제는 성교육 시간이 많지 않다는 것이다. 한번은 곧 일을 시작하게 될 고등학교 3학년 학생을 대상으로 일터에서 발생할 수 있는 성폭력에 대한 예방교육을 진행해 달라는 요청을 받았다. 고등학생 대상 교육은 흔치 않은지라 들뜬 마음으로 교실에 들어갔지만, 현실은 잔인했다. 학업과 학교 생활에 지친 청소년들에게 연말의 학교는 지루할 뿐이었고, 꾸벅꾸벅 조는 이들의 정수리를 바라보며 교육을 진행해야 했다. 학교에서 요청한 바가 있으니 어떻게든 교육을 이끌어가기는 했지만, 막바지에는 답답하다 못해 자괴감이 들었다. 자포자기하는 심정으로 학생들에게 "어떤 게 궁금해요?"라고 묻자, 수업 내내 엎드려 있던 한 학생이 빼꼼 고개를 들며 이렇게 물었다. "성병 걸리면 어떻게 해요?"

교육 현장에서 마주하는 어려움은 또 있다. 한번은 중학교 1학년과 3학년을 대상으로 한 성교육을 요청받아서 담당 선생님께 연애를 교육 주제로 제안했다. 하지만 결과적으로 3학년 학생을 대상으로만 연애를 다루고, 1학년 학생들에게는 디지털 성폭력 예방교육을 진행했다. 중학교 1학년은 아직 어리다는 것이 이유였다. 게다가 3학년 대상으로 안전한 성관계를 위한 콘돔 교육을 할 때도 직접 콘돔을 보여주는 시연은 하지 말고, PPT 화면만 이용해 달라는 요청을 받았다. 민원을 받을지도 모른다는 염려 때문이었다.

특정 학교만의 문제가 아니다. 강사들은 교육을 의뢰한 선생님들과는 소통하지만, 막상 교육을 들을 학생들이 무엇을 원하는지는 들을 길이 없다. 그렇다면 학교에서 청소년들의 이야기를 잘 대변해 주면 좋으련만, 현실은 청소년의 요구보다 보수적 가치관을 지닌 양육자 또는 단체 들의 민원을 받지 않을지를 더 걱정한다. 그래서 성교육 자체를 꺼리거나, 교육을 하더라도 아주 기초적인 몸에 대한 이야기, 혹은 성폭력을 '조심하라'는 이야기에 그치기 마련이다.

준비되지 않은 건 어른들뿐이다

'성'을 말하기에 어리지 않은 나이는 대체 몇 살일까? 성에 대해 잘 모르는 어린이·청소년은 순수하고 건전한 성인으로 자라날까? 그게 과연 순수한 것인지에 대한 가치판단은 차치하더라도, 온통 성과 관련된 각종 정보가 차고 넘치는 세상에서 과연 그게 가능하기는 할까? 청소년들은 이미 성적 주체로서 다양한 성적 욕구를 느끼고, 성적 관계를 맺으며 살아가고 있다. 앞서 이야기한 중학교 사례만 보더라도 그렇다. 3학년 학생들은 물론이거니와 1학년 학생들도 쉬는 시간마다 내 주변으로 몰려와서 물었다. "콘돔 끼면 진짜 임신 안 돼요?", "섹스할 때 원래 아파요?", "어떻게 하면 성관계를 '잘'할 수 있어요?" 연애를 주제로 교육을 하면 쏟아지는 질문 탓에 쉬는 시간에도 학생들에게 둘러싸여 답변하느라 제대로 쉬지도 못한다. 초등학생도 마찬가지다. 내 교육 경험상 5학년 교실에서도 다양한 연애 경험과 성적 욕구가 아주 자연스럽게 이야기되는 걸 볼 수 있었다. 그 모습을 어색해하는 건 오직 어른들뿐이다.

내 경험만을 근거로 주장하는 것이 아니다. 통계를 통해 현실을 엿볼 수 있다. 2019년 한국여성정책연구원에서 4,000여 명의 중학생을 대상으로 조사한 결과, 연애 경험이 있는 비율은 49.2퍼센트이고, 첫 연애 연령은 평균 11.6세였으며, 그중 67.1퍼센트가 스킨십 경험이 있다고 응답했다.[8] 성관계 경험은 어떨까? 2021년 질병관리청에서 발표한 자료에 따르면, 중고등학생의 성관계 경험률 전체 평균은 5.4퍼센트이고, 고3으로 올라가면 이 비율이 10퍼센트를 넘는다. 성관계를 경험한 청소년들의 성관계 시작 연령은 만 14.1세로 대략 중학교 2학년 정도다.[9] 5.4퍼센트라는 수치는 일견 낮은 비율로 생각되지만, 통계청에서 발표한 중고등학생 인구가 대략 271만 명이니 산술적으로 계산해 보아도 14만 명이 넘는 청소년에게 성관계 경험이 있다고 볼 수 있다. 게다가 이 숫자에는 학교 밖 청소년이 포함되지 않았으며, 한국 사회에서 청소년들이 자신의 성 경험을 밝히기 어려운 현실을 고려하면 그 숫자는 더 높아질 수 있다.

이 숫자 앞에 뜨악해하며 '요즘 것들'이라는 말로 혀를 차고 손가락질하면 문제가 사라질까? 성의 경건하고 성스러움을 찬양하면 달라질까? 나아가 교육기관에서 제대로 된 성교육을 받지 못한 청소년들이 성인이 되면 저절로 안전하고 즐겁게 성적 실천을 할 수 있을까? 그게 아니라면 이제는 청소년과 자유롭게 성을 이야기할 수 있어야 한다.

물론 쉬운 일은 아니다. 양육자 대상 성교육을 할 때 받는 단골 질문으로 "우리 아이가 '야동'을 보는 것 같은데 어쩌죠?"가 있다. 자신의 자녀가 성적인 존재임을 알게 된 것에 대한 당혹감과 이른바 '야동'이라고 부르는 음란물의 폭력적인 문화에 노출될 것을 염려한 양육자들의 절박함이 느껴지는 질문이다. 그럼 나는 되묻는다. "우리가 무엇을 할 수 있을까요?" 세상의 모든 폭력적인 음란물을 없애버릴 수 있는 게 아니라면, 내 자녀를 무성적 존재로 만들거나 진공 속에서 키워낼 게 아니라면 남아 있는 선택지는 분명하다. 청소년들에게 '야동'이 성과 관련된 유일한 정보가 되지는 않게 해야 한다.

준비가 필요한 건 성을 경험하고 실천하며 배울 의지까지 충만한 청소년들이 아니라, 과거에 사로잡혀 이들과 소통하지 않고 교육에 훼방만 놓는 어른들이다. 현실을 외면할수록 청소년과의 거리는 멀어지고 문제가 발생했을 때 이를 해결할 수 있는 골든타임만 지나갈 뿐이다. 결국 그로 인한 피해는 고스란히 청소년 개인에게 전가된다. 지금도 청소년들은 열심히 사랑하며 연애하고 있다. 청소년들과 각양각색의 사랑에 대해 자유롭게 이야기를 나눌수록 성은 더 안전하고 즐거워진다. 더 이상 누군가가 빛바랜 교복을 바라보며 못다 이룬 교복 데이트의 꿈을 아쉬워하지 않도록 그 소중한 기회와 시간을 빼앗지 말자.

우리에게는 더 많은 동의가 필요하다

정중하고 매력적인 동의의 기술

한국어에서 짧지만 다채로운 함의가 있는 말을 하나 꼽자면, '네'가 아닐까? 단순히 상대 제안이나 의견에 동의를 표현하는 뜻에서부터, 상대의 말을 되물을 때, 상대와의 대화를 끝내고 싶을 때 등 '네'라는 한 음절에 다양한 뉘앙스를 담아 다채로운 메시지를 만들 수 있다. SNS에서는 직장 생활을 하는 사람들이 사용하는 '넵넵'을 분석한 글이 떠돌면서 많은 사람에게 웃음을 주기도 했다. 프리랜서의 삶도 크게 다르지 않다. 고객의 무리한 요청에도 영 무심한 표정으로 '네', '네~', '네^^' 등을 연달아 타이핑해 보내며 '이것이 고단한 어른의 삶이구나'라고 느끼곤 한다. 하루에도 수십 번, 수

백 번씩 오가는 '네'라는 말과 그 이면의 복잡한 속내, 그리고 속내를 드러낼 수 없게 만드는 미묘한 어른의 사정…. 그렇다면 상대방의 속내를 파악하고자 하는 노력이야말로 소통이라고 할 수 있지 않을까?

동의를 구하는 남성은 찌질하다?

성희롱·성폭력 예방교육의 핵심 주제인 '동의'는 소통의 문을 여는 첫 열쇠라는 점에서 중요하다. 흔한 오해와 달리 성폭력 대부분은 아는 사이에서 발생하고, 대단히 악랄하고 계획적인 동기가 있는 경우보다 일상에서 주고받는 다양한 신호를 가해자가 오해하거나 이해하려 하지 않아서 발생하는 경우가 많다. 폭력 예방교육에서 강사는 동의를 구함으로써 소통의 문을 열 수 있도록 도움을 준다.

폭력 예방교육이 의무화되고 사회적 경각심이 높아지면서 성적 관계 맺음에서 동의를 구해야 한다는 것은 어느 정도 보편적인 상식이 됐다. 2019년 젠더미디어 〈슬랩〉에서 20대 800명을 대상으로 조사한 결과에 따르면, "스킨십이나 섹스를 하는 중에 언제든 파트너의 의사에 따라 행위를 중단하는 게 당연하다"에 대해 여성 95퍼센트, 남성 85.4퍼센트가 동의한다고 응답했다.[10] 한국성폭력상담소에서 스킨십 또는 성관계 경험이 있는 10대부터 40대 600명을 대상으로 진행한 조사에서도 "동의 없이 이루어진 성관계는 성폭력이다"에 대해 응답자의 96.7퍼센트가 동의했다.[11] 이 결과만 보면 '동의'는 이제 당연한 상식이 된 듯해 보인다. 하지만 매끈한 설문 조사의 세상과 달리, 교실에서는 동의에 대한 남성 참여자의 태도가 사뭇 다른 양상을 보인다.

"여러분, 스킨십이 하고 싶을 때는 어떻게 하나요?"

"박력 있게 해요."

"상대방의 동의를 구해야겠죠? 그럼 동의는 어떻게 구하면 좋을까요?"

"우우, 찌질해요."

내가 교육 현장에서 자주 마주하는 현실이다. 최대한 당황하지 않은 척, 자연스러운 척을 해보지만, 초창기에는 식은땀을 흘리곤 했다. 이런 경향은 앞서 언급한 한국성폭력상담소 조사에서도 나타난다. "성관계 중 상대방에게 여러 번 동의를 묻는 것은 분위기를 깬다"라는 문항에 대해 남성 60.3퍼센트가 "그렇다", "매우 그렇다"라고 응답했으며, "상대가 분명하게 거부하지 않으면 동의한 것이다", "여성의 노

(NO)는 설득하면 예스(YES)로 바뀔 수 있다"라는 항목에도 각각 41퍼센트, 40퍼센트의 남성이 동의하는 반응을 보였다. 이는 같은 문항에 대한 여성들의 반응보다 2배 가까이 높은 수치였다. 이 간극이 성폭력의 원인이 될 수 있기에 교육 현장에서 참여자들에게 손을 잡을 때, 키스를 할 때, 성관계를 할 때 동의를 구해야 한다고 간절하게 이야기해 보지만, '교육적인' 이야기는 현실 속 '매력적인' 남성상 앞에서 힘을 잃는다. 동의를 구하기 위해 목구멍까지 나왔던 말을 애써 삼키며 '찌질이'가 되느니 차라리 '싸가지'가 되겠다는 남성들의 모습은 어딘지 낯설지 않다.

동의의 두 가지 조건

대체 동의가 뭐라고 이렇게 고민하는 걸까? 아주 가볍게 대화의 물꼬를 트거나 연필을 빌리는 것부터, 같이 놀러 갈 약속을 잡는 것, 한평생 함께하자고 청혼하는 것까지 우리는 일상에서 자연스럽게 수많은 동의를 구하고 있다. 그런데 유독 스킨십에 대한 동의만큼은 어색해하는 사람이 많다. 마치 늘 자연스럽게 쉬던 숨도 어느 순간 한번 신경 쓰기 시작하면 어색해지듯 말이다.

하지만 앞서 살펴본 '넵넵'에 대한 고찰에 공감했다면, 우리는 이미 동의의 첫 번째 조건을 알고 있다. 바로 평등한 관계다. 많은 이들이 직장 상사나 고객의 무리한 요구에 속으로는 욕을 읊조리면서도 겉으로는 "네~ 좋아요!"라고 말해본 경험이 있을 것이다. 당연히 모든 관계가 평등해질 수는 없겠지만, 적어도 로맨틱한 관계에서 정말로 상대의 진심 어린 동의를 구하길 원한다면, 평등한 관계를 만들기 위한 노력들이 필요하다.

물론 평등한 관계도 전부는 아니다. 흔히 관계의 맥락이라고 이야기되는 상황에 대한 이해와, 상대방에 대한 면밀한 관심은 동의를 구하는 모든 과정에서 필수다. 평등한 관계를 위한 노력과 상대방에 대한 꾸준한 관심이라는 두 가지 조건만 생각하더라도 동의는 로맨틱한 관계에서 질겁하며 피해야 할 대상이 아니라, 도리어 로맨틱한 관계의 필수적인 요소가 아닐까?

바람직하고 매력적인 남성상은 앞치마를 두르고 요리하는 남성부터 근육질 몸매를 자랑하는 남성까지 각양각색이다. 그중에서 적극적이고 시의적절하게 상대방의 필요를 채워주는 모습은 매력적인 남성상으로 자주 이야기된다.

상대가 묻기도 전에 사소한 변화를 감각적으로 알아차리고 (“오늘 머리 스타일 바꿨네?”), 오다 주웠다면서 무심한 듯 꼭 필요했던 것을 챙겨줄뿐더러, 때로는 박력 있고 적극적으로 스킨십을 주도하는 남성은 많은 이들이 선망하고 또 질투하는 이상형 그 자체다. 남성들은 이런 모습의 남성들을 배우자나 연인에게 “잡혀 산다”라고 말하며 헐뜯거나, 모두 잘생겨야 가능한 일이라며 체념하기 일쑤다. 또 한편으로는 여성의 욕망을 남성에게 의존하는 것으로, 혹은 남성을 닦달하는 것으로 우습게 그려내며, 여성들이 이러한 남성상을 기대조차 못 하게끔 단속하기도 한다.

하지만 이 남성상이 지닌 매력의 핵심은 동의 없이 박력이라는 이름의 막무가내로 상대의 경계를 넘나드는 게 아니라, 오히려 섬세하게 상대의 욕구를 파악하고 분위기에 맞춰 동의를 구하고 끌어내는 과정에 탁월하다는 데 있다. 즉, 이 과정에서 동의는 상대의 감정과 기분, 분위기를 파악하고 다양한 언어적·비언어적 소통으로 늘 자리 잡고 있지, 생략되는 것이 아니다. 다만 이를 바라보는 이들이 물밑의 다양한 맥락을 파악하지 못하거나 파악하기 싫어서 지레 외모 덕분이라고 평가절하할 뿐이다. 그러나 관계의 고수에게 동의는 숨기거나 생략해야 할 일도, 한 번은 거쳐야 할 어려운 관문도 아닌 관계에 긴장과 활력을 불어넣는 일종의 즐거운 놀이가 될 수 있다.

하지만 여전히 교실에서는 이런 이야기가 흔하다. "분위기 깨지게 어떻게 그 과정에서 동의를 구해요." 당장 주어진 교육 시간은 짧고, 해야 할 이야기는 많아서 매번 동의와 관련된 모든 내용을 다루기는 어렵지만, 그래도 요새는 조금 덜 당황해하며 몇 번 없는 연애사를 쥐어짜 소박한 연기력과 함께 이야기하곤 한다.

내가 마음에 드는 사람과 자주 연락을 주고받고 서로에 대한 호감을 키워가는, 이른바 '썸'을 탈 때의 이야기다. 날은 좋고, 걷는 발걸음은 산뜻하고, 살짝 손등이 스치다 보면 이내 몽글몽글한 마음이 올라오는데, 어떻게 하면 그 마음을 잘 전달할 수 있을까 고민하다가 조금 장난스레, "내가 요새 이런 문제에 예민해서 그런데, 손잡을래?" 하고 물었다. 상대는 내가 부끄러워하면 부끄러워하는 대로 그럭저럭 귀여워할 뿐, 분위기가 깨진다고 실망하지는 않았다.

중고등학생 대상 교육에서 이 이야기를 들려주며 제법 나쁘지 않은 방법 아니냐며 재주껏 변주해 가며 써보라고 제안하면 학생들은 대부분 소름 끼친다며 야유하지만, 분명 누군가는 언젠가 써먹을 거라는 걸 알고 있다. 유치하다 여겨도 좋다. 그럼에도 우리에게는 더 많은 동의가 필요하다.

인류 절반이 겪는 2,400일

남성과 함께 월경에 대해 이야기하기

교육 활동 중 가장 반응이 좋은 시간은 단연 성교육 시간이다. 폭력 예방교육은 무겁고 진지한 주제로 인해 분위기가 숙연해질 때가 많고, 성평등 교육은 각종 오해와 편견으로 무장한 채 저항하는 이들이 등장할까 봐 약간의 긴장감을 깔고 들어간다면, 성교육은 아무래도 분위기가 밝고 유쾌하다. 한창 성에 눈뜬 어린이·청소년 참여자들은 괜히 관심 없는 척하거나 이미 모든 걸 알고 있는 척하지만, 강사가 보여주는 화면과 성에 대한 이야기에 내심 온 신경을 기울이고 있는 게 보여 나도 재밌다. 그런데 성교육 시간도 분위기가 싸해지는 때가 종종 있다.

초등학교 고학년과 함께하는 성교육 시간에 사춘기를 전후로 나타나는 몸과 마음의 변화 중 월경에 대해 설명하고 있었다. 월경을 하지 않는 몸이다 보니 이 파트는 내심 더 신경 써서 다루는데, 유난히 까불거리던 남자 어린이가 큰 소리로 "응, 내 알 바 아님"이라고 외쳤다. 교실 분위기는 금세 싸해졌지만, 나는 이 풍경이 마냥 낯설지만은 않았다. 온라인 커뮤니티에는 파트너의 월경대[*] 심부름을 하는 과정에서 신체 사이즈를 고려해 '소형'을 구입했다는 남성들의 이야기가 흔하게 돌아다닌다. 월경을 소변처럼 참았다가 할 수는 없는 거냐고 묻는 남성을 보았다는 '도시 전설' 같은 이야기도 종종 들려온다.

나 역시도 월경하는 사람과 꽤 오랜 시간을 함께 살면서도 성교육을 하기 전까지 월경에 대해 아는 것이 전무했다. 월경통을 겪는 친구나 애인을 볼 때면 안타까워하면서 초콜릿이나 단것을 사다 주기는 했으나, 편의점과 마트에서 월경용품 코너를 지날 때면 왠지 모르게 시선을 돌릴 수밖에 없었다. 혹시 누군가 월경혈이 샌 것을 알게 되더라도 마치 아무 일도 없는 척, 모르는 척하는 걸 당연시했다. 그런 행동에는 상대

[*] 흔히 생리, 생리대, 생리혈 등으로 쓰지만, 정확한 용어를 살리기 위해 이 책에서는 월경, 월경대, 월경혈 등으로 쓴다.

가 난처해하거나 부끄러워하지 않았으면 하는 '선한' 마음이 있었다. 하지만 그 진심과는 별개로 주변 여성들이 경험하는 삶은 전혀 달라지지 않았다. 이유를 알 수 없는 월경통에도 해열 진통제의 대체재는 많지 않았고, 월경대는 여전히 검은 비닐봉지에 담겨 나가기 일쑤였으며, 월경은 정확한 이름 대신 생리, 매직, '그날' 등으로 불리고는 했다.

월경에 대한 무지, 그저 다르기 때문일까

"남성 목욕탕에서는 수건을 자유롭게 가져갈 수 있다더라"라며 놀라는 여성들의 이야기를 예로 들며, 서로 다른 몸과 경험을 가진 존재이기 때문에 각자의 사정에 대해서 잘 모르는 건 피차 마찬가지 아니겠냐는 반론도 있다. 여성이 월경으로 겪는 여러 불편에 대한 남성의 무지가 정말 단지 생물학적인 차이로 인해 발생하는 것뿐일까? 안타깝게도 그렇지만은 않다는 건 경험적으로 알 수 있다.

한번은 해외에서 관광차 유명한 사원을 방문했는데, 그 앞에 떡하니 "여성 출입 금지"라는 내용의 표지판이 세워져 있었다. 머쓱하게 발길을 돌리면서 종교와 전통, 문화 차이 같은 이유를 떠올려 보았으나, 불편한 마음이 쉽게 가시지 않았다. 옆에는 그 이유가 설명되어 있었다. "여성은 월경을 하기 때문에 사원 출입이 금지된다(Women are prohibited to enter because their menstruation)." 이어진 문장에는 월경이 "불결"하고 "불경"하게 여겨졌기 때문에 "신성한" 장소인 사원에 여성의 출입을 금지하였다는 내용이 과거형으로 적혀 있었으나, 그 "전통"은 엄연히 오늘날에도 계속해서 적용되고 있으므로 월경에 대한 잘못된 인식 역시 과거형으로 끝났다고 말할 수는 없었다.

남성은 (당연히 월경과 비교할 수 없지만) 몽정을 하기 때문에 출입이 금지된다는 전통은 어디서도 들어본 적이 없다. 그러나 월경을 이유로 여성을 차별하고, 여성의 행동과 역할에 제약을 두는 전통이라는 이름의 악습은 여전히 너무 흔하다. 그 과정을 살펴보면 여성에 대한 차별이 선행되었고 월경은 그 이유로 따라붙었겠지만, 어느샌가 둘은 한 덩어리처럼 엉겨 붙어 있다.

특정 종교, 특정 문화권의 이야기가 아니다. 구약성서 레위기 등에도 월경하는 여성을 불경하다고 이야기하는 구절이 있으며, 우리는 한 번도 여성 교황을 마주한 적이 없다. 인간을 창조한 신에게 문제가 있을 리는 없으니, 그것은 다분히 신의 목소리를 빙자한 오만방자한 인간들의 차별과 편견의 역사라고 비판할 수 있겠다.

변화하는 월경 교육

다행히 한편에서는 월경을 둘러싼 사회적 인식을 바꾸기 위한 시도는 계속되고 있다. 이를테면 최근에는 여러 성교육에서 일회용 월경대뿐 아니라 월경컵과 이른바 '탐폰'으로 이야기되는 일회용 삽입형 월경용품 사용법도 다룬다. 더 나아가 월경을 하지 않을 수 있는 다양한 방법에 대한 정보까지 제공하고 있다. 월경 관련 교육은 단순히 개인이 월경 기간을 보내는 다양한 방법을 설명하는 데 그치지 않는다. 월경이 왜 제 이름을 잃고 '생리'라는 '생리현상'의 준말로 에둘러 표현되어 왔는지 그 맥락을 이야기하며 월경을 부끄러운 것으로 여기고 감추었던 사회문화를 비판적으로 사고해 볼 수 있게 한다.

더 나아가 월경 과정을 설명하는 방식 역시 섬세해지고 있다. 과거에는 월경 과정을 설명할 때, 임신을 '위해' 자궁벽을 두텁게 준비해 뒀다가, 수정란이 착상하지 않으면 자궁 내막조

호르몬 루프, 임플라논 등은 본래의 목적인 피임 외에도 경우에 따라 월경을 멈추거나 월경 횟수를 줄이기 위해 시술된다.

직이 '탈락'되어 나오는 것이라고 이야기했다. 그러나 이와 같은 설명은 여성 일생에 몇 번 되지 않는(물론 없을 수도 있는) 임신을 기본값으로 설정하고, 더 일상적으로 자주 경험하는 월경은 임신에 실패한 과정으로 여기게 될 수 있으므로 경계해야 한다는 지적이 있었다. 그래서 최근의 성교육에서는 월경을 호르몬의 분비에 따라 자궁내막이 두터워지고 떨어지는 과정으로 설명한 이후에, 정자와 난자가 만나서 수정하고 자궁내막에 착상하는 경우를 임신이라고 하며, 임신 기간 동안에는 월경을 하지 않는다고 설명한다.

월경과 임신을 설명하는 순서와 용어 선택에 조금씩 변화를 주어서 사람들로 하여금 무엇을 기본값으로 여기게 할 것인지, 무엇을 더 생각해 보게 할 것인지까지 변화하게 만든 것이다. 사실 교육을 받는 사람 대부분은 이런 변화를 눈치채지 못하거나 별것 아니라 여길지 모르지만, 이런 시도에는 조금씩이나마 인식의 변화를 만들고자 진지하게 고민하는 이들의 '피땀눈물'이 녹아 있다.

남성과 상관없을 수 있나요

문제는 일각의 노력에도 불구하고 여전히 월경에 관

심조차 없는 남성이 너무나 많다는 것이다. 적극적으로 여성에 대한 차별과 혐오를 드러내지는 않더라도, 앞서 소개한 어린이의 반응처럼 내 알 바 아니라는 태도를 보이며 여성의 삶에 무지로 일관하는 남성이 너무 많다. 이런 반응에 어떻게 대응하면 좋을까? 나의 경우에는 한동안 정적이 흐르게 두어 스스로 반성할 수 있게 한 뒤 이렇게 되물었다.

"그게 정말 월경하지 않는 사람과는 상관이 없는 일인가요? 우리 모두는 월경하는 사람의 몸을 통해서 태어나지 않았나요?"

제법 효과적이었지만 치사한 방법이었다고 생각한다. 더군다나 이렇게 이야기하면 월경이 임신하고 출산할 때에만 의미가 있는 것처럼 설명하는 오류에 빠진다는 생각이 들어 수업이 끝나고 나서도 한동안 마음이 불편했다. 만약 시간을 되돌릴 수 있다면, 이렇게 이야기해 주면 어떨까?

"인류의 절반 가까운 사람들이, 한 사람당 평균 40년 가량 한 달에 평균 5일씩만 잡아도 대략 2,400일 동안 월경을 하는데, 남성과 상관없을 수 있나요?"

월경에 대해 남성들이 목소리를 내는 때가 드물지만 있기는 하다. 대개 월경휴가나 월경용품 지원 등 '월경권'을 보장하는 제도와 정책에 반대하는 이야기다. 그런 이야기를 하는 이들은 전체 남성 중 일부일 거라고 내심 변명하고 싶었으나, 침묵은 크게 울려 퍼지는 목소리를 막을 수 없다. 최악은 평소에는 월경권을 비롯한 재생산 권리에 조금도 관심을 두고 있지 않던 남성들이 저출생 이야기만 나오면 혀를 차며 훈수를 둘 때다. 임신과 출산은 분명 월경, 월경하는 사람, 월경 기간 등과 분리하여 이야기할 수 없는 주제임에도, 남성들은 마치 영 다른 이야기인 것처럼 '저출생 문제'에만 관심을 두고, 심지어 그 문제조차 당사자들을 배제한 채 이야기하기 일쑤다. 그럴 때마다 여성들은 자신들이 연속되고 입체적인 서사를 가진 존재가 아니라, 출산을 위한 도구로 취급된다고 느끼며 분노해야 했다.

많은 남성이 월경과 월경하는 몸을 가진 사람들의 일상에 관심 가져야 한다는 것을 알고 있지만, 어떻게 이야기해야 할지 몰라 침묵하고 있다고 생각한다. 남성들에게도 월경 교육이 필요한 이유다. 나도 강사가 된 지 얼마 되지 않았을 때는 월경 교육을 할 때 드는 어색함과 위화감을 숨기기 어려웠던 시간들이 있었다. 처음에는 긴장되는 마음을 숨기고 더 아무렇지 않은 척했다. 그러다 보면 더 자연스럽게 월경에 대한 이야기를 듣고 나눌 수 있었다. 나의 다음 목표는 남자 청소년과 함께하는 월경 교육이다. 월경 과정에 대한 이해부터 월경용품 사용법, 옷에 월경혈이 묻은 친구를 보았을 때의 대처법, 더 나아가 그것이 그저 바지에 흙이 묻은 것처럼 아무 일도 아닌 것처럼 자연스럽게 여겨지는 사회가 되는 데 필요한 변화까지 앞으로 해야 할 이야기가 많다.

PART 3

나는 그들과 다르다는 말 대신

손가락질만으로 일상이 안전해질까

반복되는 흉악범죄와 폭력의 스펙트럼

흉악범죄 피의자의 사진과 이름, 나이 등의 신상정보가 공개될 때마다 언론에서는 피의자의 유별남을 부각한 사진과 제목으로 클릭을 유도한다. 인터넷에는 내가 범죄자의 이런 소식까지 알아야 하는 건가 싶은 TMI(Too Much Information)가 쏟아진다. 흉악범죄 피의자의 신상이 공개될 때마다 이런 모습이 반복되는 현실에 마음이 복잡하다. 죄질에 비해 처벌은 가볍기 마련이라 신상공개라는 방식이라도 필요한 게 아닌가 싶으면서도, 이게 과연 실제로 범죄를 예방하고 안전한 사회를 만드는 데 기여할 수 있나 싶은 의심도 계속된다. 내가 흉악범의 얼굴을 알게 된다 한들 징역을 마치고 몇 년이나 지난 후에도 그 사람을 알아보고 조심할 수 있을까? 범죄자들이 얼굴이 공개되는 것이 두려워 범죄를 저지르지 않게 될까? 오히려 자신의 얼굴을 알리겠다는 그릇된 의도로 범죄를 저지르는 사람이 늘어나지는 않을까? 심란한 마음만 커진다.

신상정보공개제도와 범죄자 구분 짓기

흉악범 사진이 공개되면 "역시 관상은 과학"이라고 말하는 사람들이 있다. 과학 좋아하는 사람들이 들으면 역정 낼 이야기지만, 그렇게 말하는 맥락을 모르지 않았기에 애써 말을 얹지는 않았다. 사람들은 그저 '안전'해지고 싶을 따름일 것이다. 범죄를 저지를 것 같은 사람을 관상으로 알아볼 수 있다면 나의 삶이 조금이나마 더 안전해지지 않을까 하는 아주 본능적이고 절박한 욕구 앞에서, 관상의 비합리성과 무용함을 애써 설명하며 불안하게 만들 필요는 없으니까.

미디어에서는 범죄를 마치 스릴러 장르물처럼 다룬다. 방송사들은 재연 배우를 동원해서 가해자의 잔인무도함과 유별난 특징을 강조한다. 이를테면 얼마나 오랫동안 게임을 했는지, 얼마나 불우한 어린 시절을 보냈는지, 또 정신적으로는 어떤 문제가 있었는지 구구절절 소개한다. 심지어 가해자가 살던 지역을 방문해 가족과 이웃을 인터뷰하고, 그 내용을 여과 없이 내보내기도 한다. 범죄 예방과 재발 방지 목적보다는 그저 시청률과 조회수를 위해 가해자의 서사를 자극적으로 부풀리며 범죄를 흥밋거리로 취급한다. 그 과정에서 사람들은 손쉽게 가해자와 자신을 분리하여 먼발치에서 안전하게, 일말의 죄책감이나 불편함 없이, 그저 자극적으로 사건을 소비하게 된다.

그것이 개인에게 어느 정도 안도감을 줄 수 있을지는 몰라도 실제로 반복되는 흉악범죄 문제를 해결하거나 개인과 사회를 안전하게 만들 수는 없다. 당장 피의자 신상공개가 범죄 예방에 실질적인 효과가 있는지도 미지수다. 2023년 국회입법조사처 보고에 따르면, 제도 도입 이후에도 강간죄 발생은 계속 증가했다는 점에서[1] 피의자 신상정보공개제도의 범죄 예방 효과에 의문이 남는다. 다른 관련 자료들을 살펴보아도 마찬가지다. 범죄 예방을 위해서는 피의자 신상정보공개제도만으로 충분하지 않다. 안전한 일상을 위해서는 우리에게 그 이상의 논의가 필요하다.

재난은 어느 날 갑자기 발생하지 않는다

우리의 일상을 뒤흔드는 재난을 자세히 들여다보면 그 전에 수십 차례에 이르는 경미한 사고와 이를 예방할 수 있었던 수백 가지의 징후가 있기 마련이다. 이제는 너무나 잘 알려진 하인리히의 법칙Heinrich's law 이야기다. 하인리히의 법칙은 본래 산업재해에 대한 통계적 법칙이지만, 일상의 안전을 위해서는 모두가 늘 경각심 가질 필요가 있음을 일깨워줬다. 하인리히의 법칙은 성폭력을 둘러싼 범죄에도 똑같이 적용된다. 한 건의 성폭력, 한 명의 가해자가 나타나기 이전까지는 수십 번에 달하는 성차별적 언행과 폭력이 있기 마련이기 때문이다.

성폭력 문제의 물밑에는 그러한 언행과 폭력을 조장하고 용인하는 여성혐오적이고 성차별적인 문화가 있다. 흔히 딥페이크 성폭력 사건을 생성형 AI 기술을 활용한 신종 범죄라고 이야기하지만, 새로운 기술이 더해졌을 뿐 문제의 본질은 과거와 동일하다. 불과 몇 년 전인 2019년 이른바 'N번방 사건'으로 알려진 텔레그램 성착취 사건이 있었고, 그보다 앞서 무수히 많은 불법촬영물이 이른바 '국산 야동'이라는 이름으로 아무렇지 않게 유포되는 현실이 있었다. 각종 웹하드 업체가 이를 악용해 막대한 돈을 벌어들이고 있다는 것이 이른바 '웹하드 카르텔 사건'으로 드러났다.

성폭력 범죄와 가해자는 어느 날 갑자기 나타나지 않는다. '남자라면 야동쯤은 볼 수 있지' 하는 식의 암묵적인 방조가 결국 이런 성착취 가해자들을 만들었다. 폭력은 진공 속에서 발생하지 않는다. 그에 앞서 수많은 폭력의 징후가 펼쳐져 있다. 폭력은 스펙트럼으로 존재한다.

폭력의 스펙트럼과 타자화의 한계

언론에 등장하는 성폭력 사건 가해자를 가차 없이 비난하며 극형에 처해야 한다고 열을 올리는 수많은 남성이 정작 성폭력 문제 해결을 위해 일상의 성차별적 인식과 문화를 바꾸어야 한다는 이야기에는 인색한 경우가 많다. 하지만 폭력의 스펙트럼에 대한 이해와 자신의 일상에 대한 성찰과 변화 없이 외치는 '정의 구현'은 그저 도덕적 우월감을 뽐내기 위한 인정투쟁에 지나지 않는다. 무엇보다 그런 이야기들만으로는 일상이 안전해지지 않는다.

성폭력 문제를 향한 분노가, 착한 사람이고자 하는 마음이 진심이라면 불편을 무릅써야 한다. 여성학 연구자 정희

진의 책 『페미니즘의 도전』에는 이런 이야기가 나온다.

> 나는 안다는 것은 상처받는 일이어야 한다고 생각한다. 안다는 것, 더구나 결정적으로 중요하기 때문에 의도적으로 삭제된 역사를 알게 된다는 것은, 무지로 인해 보호받아 온 자신의 삶에 대한 부끄러움, 사회에 대한 분노, 소통의 절망 때문에 상처받을 수밖에 없는 일이다.[2]

앎의 과정은 불편하기 마련이다. 안락하고 평온한 일상에서 벗어나 2023년 기준 매일 평균 약 62건의 성폭력 강력범죄가 발생하고 있음을 직시하는 것은 실로 불편한 일이다.[3] 게다가 그 불편함을 받아들이고 한 걸음 더 나아가려고 해도 이런 거대한 차별과 폭력 앞에서 개인이 무엇을 어떻게 하면 좋을지 몰라 막막하기도 하다.

나 역시 이런 문제가 반복될 때마다 그저 주변 여성들에게 조심하라고 이야기하거나, 가해자를 더 크게 비난하며 손가락질하곤 했다. 그러나 그것도 곧 멈추게 됐다. 당장 산책로에서, 번화가 한복판에서 이런 문제가 반복되는 와중에 "조심해"라는 말이 또다시 범죄의 원인을 피해자에게 돌리고, 여성 개인의 행동을 단속하는 것 외에 무슨 의미가 있을까 싶었다. 또 아무것도 하지 않다가 사건이 벌어진 이후에나 겨우 손가락질하는 것은 결국 "나 빼고 다른 남성은 다 늑대!"라고 말하는 것과 크게 다르지 않다고 느꼈다.

더 나은 방법은 없을까 고민하다가 처음에는 "너희는 20세기에 살아. 우리는 21세기로 갈 거야!"라는 말과 함께 이른바 '손절', 즉 성차별적 발언과 행동을 하는 사람들과의 관계를 끊는 방법을 시도했다. 세상은 달라지고 있고, 구시대에 머무는 사람은 도태되고 말 것이라는 협박 아닌 협박에는 나름의 힘이 있었다. 특히 남성으로 살아가며 폭력적이고 차별적인 남성연대에 균열을 내는 게 나의 역할이라고 믿었기에 다른 남성을 대상으로 목소리를 높였다. 하지만 그 언어가 조롱과 비난에 그칠 때, 균열이 생기는 것은 내 인간관계뿐이었다. 게다가 당장 나부터도 불과 몇 년 전까지 크게 다르지 않은 생각, 말과 행동을 했던 사람인데 이제는 달라졌다고 면죄부를 받은 양 다른 남성들을 손가락질하는 것은 결국 타자화의 한계를 반복하는 것에 지나지 않았다.

거대한 변화를 만드는 작은 실천

나와 군 생활을 함께한 한 친구는 온라인 커뮤니티

를 돌아다니다가 페미니즘을 조롱하거나 여성혐오적인 게시글을 발견하면 꼭 나에게 가져와 의견을 구한다. 처음에는 스스로 문제에 대해 알아보려고 하지 않는 태도가 짜증 나고 답답했지만, 한편으로는 그 친구가 나 말고 또 어디에 물어보겠나 싶어 귀찮음을 무릅쓰고 나름대로 열심히 답해준다. 군 생활을 통해 쌓인 신뢰와 관계는 우리 사이에 놓인 차이라는 벽을 뛰어넘는 데 윤활제가 됐다. 물론 내가 이런다고 주변 친구들이 당장 페미니즘을 공부하지는 않겠지만 그래도 '재가 저렇게 하는 데에는 무슨 이유가 있겠지'라고 생각하며 최소한 내 앞에서라도 언어를 고르고 눈치를 보곤 한다. 대단하지 않지만 지금의 내가 할 수 있는, 또 누구나 함께 할 수 있는 하나의 실천이다.

2018년 발표된 한국여성정책연구원의 조사에 따르면, 성차별주의에 반대하는 성향("반성차별주의")을 지닌 청년 남성에게 페미니즘을 어디에서 접했는지 물어보았을 때, 과반수 이상(63.2퍼센트)이 "주변인"을 꼽았다. 각각 15.8퍼센트와 21.1퍼센트가 "주변인"을 언급한 "적대적 성차별·반페미니즘", "온정적 가부장주의"(21.1퍼센트) 성향의 청년 남성과 대조적인 수치였다.[4] 주변인을 매개로 페미니즘을 접한 이들은 페미니즘에 대한 오해가 상대적으로 적고, 성차별주의에 대해서도 비판적인 편이라고 추측할 수 있다.

폭력의 '스펙트럼'은 단지 문제가 중첩되어 있다는 것만을 의미하지 않는다. 여러 통계는 거대하게 느껴지는 문제도 결국 작은 문제들이 누적된 결과인 만큼, 그 안에서 작게만 느껴지는 개인의 역할이 얼마나 많은 문제를 예방할 수 있는지를 보여준다. 작금의 폭력에 문제의식을 느끼고 진정으로 더 안전한 사회를 바란다면, 타자화의 벽을 넘어서야 한다. 이제는 남성들이 바통을 넘겨받을 차례다.

'비동간'이 무서운 남성들에게

비동의 간음죄를 둘러싼 오해와 진실

> 그저 힘이 센 편에 서 있는 이들, 그러다가 우리의 투쟁으로 세상이 조금 변하고 상식 아니었던 것이 상식이 되면 냉큼 거기 올라타 그다음 변화에 어깃장을 놓을 뿐인 이들은 모른다. (…) 합리적인 토론이나 이성적인 언쟁 같은 건 처음부터 없었다. 대의도 명분도 없이 눈앞의 전진을 막아보려는 가녀리고 끈질긴 물풀 다발과 앞으로 나아가려는 배. 처음부터 이뿐이었다.
>
> —이민경, 『우리에게도 계보가 있다』 중에서[5]

페미니즘 활동을 하다 벽에 부딪힌 것 같을 때, 도무

지 더 나아갈 수 없을 것 같고 도리어 퇴보하는 느낌이 들 때 저 구절을 떠올리며 의지를 다진다. 지금 마주한 저항도 한낱 "물풀 다발"에 지나지 않으며, 차별과 폭력에 맞선 인권운동의 역사는 늘 순탄치 않지만, 그럼에도 계속 앞으로 나아갈 수 있다고 말이다. 2023년 '비동의 간음죄'를 둘러싸고 들려온 일련의 파열음도 결국 물풀 다발이라고 생각했다.

책임져야 할 사람들의 무책임

2023년 초 여성가족부는 「제3차 양성평등정책 기본계획(2023~2027)」을 발표했다. 강간죄 구성요건을 가해자의 "폭행협박"에서 피해자의 "동의여부"로 개정하는 것을 검토하겠다는 내용이 포함되어 있었다.[6] 이는 현행법에서 피해자가 폭력 피해에 대한 공포나 위력에 의한 두려움 등 다양한 이유로 얼어붙어 '충분히' 대응하지 않거나, 가해자가 물리적인 폭력을 (법에서 성폭력이라 인정할 만큼) '충분히' 행사하지 않은 경우 성폭력으로 처벌할 수 없었던 문제를 개선하기 위함이었다.

"뭐 비동간?" 한 정치인이 여성가족부의 발표 직후 SNS에 남긴 한마디다. 익숙한 냉소의 언어를 정치인이 구체적인 내용도 없이 이른바 '이대남'의 요구라는 식으로 포장하여 옮긴 것이다. 잇따라 다른 정치인들도 이에 가담했다. 언론에서는 또다시 너무 쉽게 이를 성별 간 '갈등' 정도로 치부했고, 이에 놀란 여성가족부는 급한 불부터 끄고 보자는 식으로 개정 검토를 없던 일 취급했다.

이마를 짚었다. '아, 말의 무게를 모르는, 혹은 모른 체 외면하며 갈등과 분열로 잇속만 챙기려는 자들의 냉소로 한동안 또 주변이 시끄럽겠구나' 싶었다. 벌써부터 교육 현장에서 "여가부가 남성을 '잠재적 가해자' 취급한다던데요?" 같은 질문이 쏟아지는 듯했고, 또 한쪽에서는 "요새 '이대남'은 왜 그래요…?" 같은 질문을 받는 미래가 보이는 듯했다. 책임져야 할 사람들이 책임지지 않으면 갈등은 시민들의 일상에서 여과 없이 터져 나오기 마련이다. 그렇다고 마냥 걱정만 하고 있을 수 있나, 누군가는 무엇이든 해야지.

당장 고개를 들어 주변의 젊은 남성들에게 '비동간'에 대해 물어보면 "그게 뭔데?" 하는 반응 일색이다. 하지만 조금 찾아보면 '무고' 같은 무시무시한 말들이 떠도니, '바쁘다 바빠 현대 사회'에서 지레 겁을 먹기 십상이다. 그러니 현실을 바꾸려면 그것도 모르냐며 무작정 다그칠 게 아니라 비동의 간음죄를 둘러싼 여러 논의를 하나씩 곱씹어 보고, 더 많은 사람과 함께 이야기해야 한다.

'만약에'라는 논리가 외면하는 것들

비동의 간음죄가 수면 위로 드러나기까지의 과정은 정치인이 한마디 말로 뭉갤 정도로 간단하지 않다. 그 과정에 무수히 많은 단체와 사람 들의 절박하고 오래된 요구가 있었다. 한국 사회, 아니 전 세계적으로 성폭력 문제의 심각성을 알린 미투 운동을 기억할 것이다. 우리는 미투 운동을 계기로 사회적 낙인과 편견, 그리고 법 제도의 미비가 얼마나 오랜 세월 수많은 성폭력 피해자를 침묵하게 했는지 알게 되었다. 피해자들은 이에 굴하지 않고, "나도 말한다"라고 용기 내어 낙인과 편견을 깨부수는 변화를 만들어 냈다.

하지만 그것으로 멈출 수는 없다. 기존의 성폭력 판단 기준이 너무나 협소하여 수많은 피해자가 법의 사각지대에 놓여 있는 현실이 여전히 남아 있다. 인식 개선만으로는 충분하지 않으며 '법 개정'이라는 확실한 메시지가 병행되어야 교육과 문화, 우리의 일상에 진정한 변화가 생긴다. 이러한 문제의식을 바탕으로 비동의 간음죄는 사람들의 공감을 얻었고, 일련의 과정을 거쳐 영국, 독일, 스웨덴을 비롯한 여러 국가에서 이미 시행되고 있다. 각종 국제기구에서도 세계 각국에 비동의 간음죄 도입을 권고하고 있다.

여기까지 이야기하면 누구든 고개를 끄덕이다가도 갑자기 어떤 '만약에'가 등장하면 모든 논의가 '스톱'된다. 이 법이 만들어지기 위해 지금까지 설명했던 배경은 다 사라지고 이야기는 원점으로, 아니 그 이전으로 돌아간다. '만약에' 상대방과 합의하에 성관계를 해놓고 변심하거나, 악의적으로 동의하지 않았다고 주장하며 무고한 범죄자를 만들면 어떡하냐는 염려다. 여기에 더해, 그럼 성관계를 할 때마다 매번 동의를 구해야 하냐며 답답해하는 반응, 계약서라도 써놓아야겠다는 비아냥도 흔하다. 이런 논리는 힘이 세다. 무고한 범죄자가 되는 건 무섭고 일어나서는 안 될 일이니까.

그런데 저 '만약에'라는 논리에는 앞서 이야기한 피해자를 향한 낙인과 여성의 성을 둘러싼 차별 어린 시선, 여성을 취약하게 만드는 사회구조가 고려되지 않는다. 대신 성인이라면 어떤 상황에서도 응당 명시적으로 거절과 동의를 할 수 있을 것이라는 해맑은 믿음만 존재할 뿐이다. 하지만 제아무리 '만약에'라는 말을 붙여가며 사회구조를 외면한들 대부분은 이미 알고 있다. 지금의 성차별적 사회구조 아래에서 여성은 성폭력 문제에 더 취약하다는 사실을. 우리는 누구도 진공상태에서 살아가고 있지 않다. 심지어 이 사실은 저 '만약에'라는 논리로 말을 이어가는 사람들도 알고 있다. 그들은 무고한 '남성' 피해자를 상상하며, 이른바 '꽃뱀'이라 불리는 이들은 없을지 염려한다.

그런데 왜 하필 '꽃뱀'일까? 성폭력 피해자가 성별에 무관하게 존재한다면, 거짓 성폭력 피해로 상대를 무고하게 내모는 이들도 성별에 무관하게 존재할 것이고, 그렇다면 무고를 일컫는 표현도 성별과 무관한 표현이 되어야 할 텐데 말이다. 이처럼 여성만을 잠재적 가해자로 취급하는 '꽃뱀'이라는 표현을 쓸 때 드러나는 성차별적 사고는 '만약에'라는 논리에 숨어 있는, 의도적 무지를 드러낸다.

물풀이 될 것인가, 전진하는 배에 올라탈 것인가

2018년 한국성폭력상담소 발표에 따르면, 전체 강간 피해 사례 중에서 폭행·협박 없이 발생한 사례가 70퍼센트 이상이라고 한다.[7] 2020년 한국여성정책연구원이 2017~2018년 대검찰청의 사건 처리 기록을 분석한 결과, 8만 명

이상이 성범죄 처분을 받았으며, 여성 성폭력 피해자 가운데 성폭력 무고죄 피의자는 341명이었다.[8] 성폭력 피해자를 향한 낙인과 차별, 폭력에 대한 공포를 뚫고 성폭력을 신고하여 현재의 아주 허술한 법망으로 겨우 잡은 성폭력 범죄자가 8만여 명에 달하는 동안, '꽃뱀'이라는 말까지 붙여가며 공포의 대상으로 말하는 성폭력 무고죄 피의자는 341명에 불과하다는 소리다. 이토록 투명하게 다른 공포의 감각 앞에서, 우리는 무엇을 생각해야 하는가?

공황발작을 경험해 본 덕에 때로는 어떤 공포가 객관적인 사실보다 더 크게 다가오기도 한다는 것을 알고 있다. 하지만 무고에 대한 공포는 지나치게 과장되어 있다. 재판 과정에서도 피해자의 진술만으로 판단하는 게 아니라, 다른 증거들을 두루 고려하여 진술의 신빙성을 판단한다. 그럼에도 누군가의 마음 한편에 드는 공포는 세상의 변화 앞에서 끈질기게 따라붙는 "물풀"일 것이다. 다행히도 우리는 그 물풀에 얽매이지 않고 함께 나아갈 수 있다. 그 과정에서 남성 정체성을 가지고 있다는 것은 전혀 문제 되지 않는다. '성폭력은 젠더권력구조의 문제'라는 이야기가, 곧 '남성 개개인의 존재가 문제'라는 건 아니기 때문이다. 도리어 남성이

이 문제에 함께 참여할 때, 비동의 간음죄에 대한 논의는 성폭력 문제뿐 아니라, 한국 사회가 폭력을 어떻게 바라보아야 하는지에 대한 이야기로 나아갈 수 있다.

성범죄 처벌 규정은 1953년 「정조에 관한 죄」라는 이름으로 처음 만들어졌다. 당시 성폭력은 여성의 "정조" 문제로 여겨졌기 때문에 보호해야 할 정조가 없다고 판단되는 이들(남성, 기혼 여성, 성 경험이 있는 여성, 성 노동자 등)은 성폭력을 당해도 법의 보호 대상이 되지 못했다. 이 법은 42년이나 지난 1995년, 「강간과 추행의 죄」로 개정되며 비로소 정조의 문제가 아닌, 성적자기결정권의 문제가 되었고 "부녀"로 한정되었던 대상이 사람으로 확대됐다. 이때도 "물풀 다발"은 존재했을 것이다. 하지만 더 많은 이들을 폭력으로부터 보호해야 한다는 그 명확한 방향 앞에서 물풀은 그저 가녀리게 나부낄 뿐이다. 그리고 지금 또 한 번의 전진을 앞두고 있다. 물풀이 될 것인가, 전진하는 배에 올라탈 것인가?

코끼리를 바라보지 않는 사람들

성매매는 과거의 문제가 아니다

◆◆◆

세상에 쉬운 교육이 어디 있겠냐만, 유난히 더 어려운 교육은 있다. 이를테면 대강당에서 100인 이상을 대상으로 진행되는 교육에서는 군중 속 고독이 무엇인지 제대로 느낄 수 있다. 점심시간 직후의 교육도 어렵다. 앞에서 1인 다역으로 온갖 연기와 재롱을 떨어봐도 식곤증으로 내려앉는 눈꺼풀에는 장사가 없다. 교육 환경으로 인한 어려움만큼이나 교육 대상과 주제를 둘러싼 어려움도 다양하다. 어린이 대상 성교육에서는 낯선 개념과 내용을 이해시키는 데 중점을 두고, 청소년 대상 성인지 교육에서는 이들이 흥미로워할 만한 소재로 내용을 이끌어 가는 게 관건이다. 그때그때 더 적합

한 방법을 하나씩 찾아나가는 게 교육의 묘미라면 묘미지만, 반면 그 실마리가 잘 보이지 않아 자꾸 피하게 되는 교육도 있다. 내게는 성매매 예방교육이 그랬다.

공공기관에서는 4대 폭력 예방교육이라 하여, 성폭력·성희롱·가정폭력 예방교육과 성매매 예방교육을 진행한다. 다른 교육이라고 대단히 환영받으며 진행되지 않지만, 성매매 예방교육에서는 참여자들의 태도가 한층 더 적대적이다. 한번은 남성 참여자 한 명이 팔짱을 낀 채 서늘한 냉소로 성매매 피해 여성들에 대해 이렇게 말했다. "그거 하라고 누가 칼 들고 협박했대요?"

칼은 없어도 잔뜩 가시 돋친 말과 태도로 성매매를 바라보는 이들은 흔하다. 특히 그런 이들은 대부분 성매매 문제 해결을 위해 피해자 자립을 지원하는 것도 못마땅하게 여기며 (심지어 세금으로 지원하는 사업이 아닐 때도) 세금 낭비로 치부한다. 성매매를 '젠더 기반 폭력'으로 여기지 않으므로 '피해 여성'이라는 말에도 동의하지 않는다. 개인적인 일로 치부하면서도 동시에 부도덕한 일이라 비난했고, 문제를 해결하려는 시도에는 불필요한 간섭이라며 훼방을 놓는다. 다른 문제들에는 사람들이 그저 무관심하거나 시혜적으로나마 도움을 주고 싶다고 말하는 경우도 적지 않은데, 왜 성매매 문제에는 유난히 더 적대적인 걸까?

믿고 싶지 않은 현실에 눈감는 사람들

미아리, 청량리, 천호동…. 평범하고 익숙한 지명들이지만, 이렇게 연달아 써놓는 순간 많은 사람이 다른 것을 떠올리곤 한다. 바로 성매매 집결지다. 고백하건대 나는 한국양성평등교육진흥원의 강사양성과정에서 성매매 예방교육을 듣기 전까지 성매매 집결지에 붙은 저 지명들을 실제 그 지역들로 인지하지 못했다. 그러니까, 서울에 '미아동'이라는 지역이 있는 것도 알고 '미아리'라고 불리는 성매매 집결지가 있다는 것도 알았지만, '미아리'라는 말이 너무 관용구처럼 쓰이는 나머지 수많은 사람이 지나다니는 서울 한복판의 미아사거리역이 있는 바로 그 지역일 거라고는 생각하지 못했다. 세상에는 거래될 수 없는, 거래되어선 안 될 것들이 있다고 믿었다. 또 실제로 성매매는 불법이므로 이렇게 내 일상 가까이에 그런 기대와 믿음을 무너뜨리는 곳이 있으리라 생각하지 못했다.

돌이켜 보면 성매매를 둘러싼 현실을 알아차릴 기회

는 적지 않았다. 상가에 있는 남자 화장실 소변기 위에는 눈높이에 맞춰 형형색색의 성매매 업소 전단지가 붙어 있었고, 밤거리에는 보도블록이 보이지 않을 정도로 많은 전단지가 뿌려져 있었다. 사람들이 수도 없이 오가는 지하철역이나 기차역 근처도 예외는 아니다. 한번은 친구를 만나러 나간 기차역 앞에서 성매매 집결지를 맞닥뜨렸다. 대낮이라 아직은 인적이 드문 거리 앞에 거대한 "청소년 통행 금지" 표지판이 세워져 있었다. 그 표지판 하단에 또렷하게 새겨진 "○○경찰서장"이라는 글자는 성매매가 얼마나 공공연하고 구조적인 외면 아래에서 자행되고 있는지 보여줬다. 다시 말해서, 나는 현실을 모르는 게 아니라 모르고 싶었던 것, 남성이라 몰라도 되었던 것이다.

당면한 현실의 거대한 문제 앞에서 우리는 때때로 해결보다 외면을 선택한다. '방 안의 코끼리elephant in the room'라는 표현이 의미하는 바다. 한국 사회의 성매매 문제가 딱 그렇다. 많은 사람이 앞서 언급한 나의 경우처럼 이 문제를 애써 외면하고 모른 척한다. 이를테면 성매매 집결지가 사라지고 있는 만큼 성매매 문제는 옛말이 되었다는 말이 그렇다. 현실은 기존의 성매매 집결지가 재개발되며 다른 지역으로 밀려나고 디지털로 옮겨 갔을 뿐이다.

성매매 문제는 디지털과 접목하여 일상을 파고들고 있다. 2022년 국내 최대 성매매 알선 사이트를 운영하던 남성이 붙잡히며 해당 사이트의 규모가 드러났다. 사이트 가입자만 70만 명, 등록된 성매매 업체는 7,000여 곳에 달했다.[9] 사이트 단 한 곳의 규모가 이 정도다. 2023년 기준 전국 초등학교 숫자가 6,175개라고 하니 최소 초등학교 숫자보다 더 많은 성매매 업소가 성행하고 있다는 소리다. 뜨악한 숫자 앞에서 성매매의 뿌리 깊은 역사를 들먹이며 어쩔 수 없다고 자조하는 경우를 자주 본다. 마찬가지로 유구한 역사를 지닌 '폭력 조직'에 대해서 같은 이유를 근거로 방치를 정당화하려 들지 않는 것을 보면, 그 체념의 기준이 그저 역사성 하나만은 아닌 것이 분명하다.

코끼리를 응시할 때 균열이 생긴다

방 안의 코끼리의 존재를 더 이상 외면할 수 없을 때 균열이 생긴다. 그리고 그 균열은 종종 분노의 모습으로 드러난다. 성매매에 대한 광범위하고 막연한 적대감도 마찬가지다. 그 분노에는 자신이 성매매를 지지하지 않음을 보여주고자 하는 마음이 담겨 있으리라. 하지만 애석하게도 그런 분노만으로는 충분하지 않다. 여전히 성과 관련된 문제에서 남성에게는 관대하고 여성에게는 엄격한 성차별적 잣대가 남아 있는 한국 사회의 현실에서, 그 분노는 오히려 의도와 다른 작용을 한다. 성매매 산업의 기틀이 되는 성차별적인 문화와 사회구조적 문제는 가려지고, 개인의 도덕성만 부각되고 마는 것이다.

성차별적인 문화의 한 가지로 일상이 된 성적 대상화sexual objectification를 꼽을 수 있다. 용어 자체에서 유추할 수 있듯, 성적 대상화란 누군가를 일방적으로 성적인 만족을 위한 물건으로 취급하는 행태를 말한다. 성적 대상화에 대한 비판은 단지 신체적인 노출을 삼가고 조신하게 살아가자는 이야기가 아니다. 물건으로 취급한다는 것은 상대방의 생각과 감정을 고려하지 않고 성을 손쉽게 거래하고 소비할 수 있다고 여기는 것을 의미한다. 학교에서, 회사에서, 일상 곳곳에서 여성을 잠재적 연애 대상으로만, 성적인 존재로만 대하는 일들이 빈번하다. 어느 교육대학에서 남학생들이 여학생들의 사진을 이용해 '외모 평가 책자'를 만들어 성희롱한 사건이 대표적이다. 이들에게 여성은 함께 공부하는 학우,

다양한 감정과 생각을 지닌 사람이 아니라, 그저 외모와 몸매로 평가할 수 있는 존재였다. 성매매는 이처럼 너무나 일상화된 성적 대상화와 폭력의 연장선에 있다.

성매매 산업은 적게는 6조 원에서 많게는 37조 원 규모로 추정된다. 성매매는 엄연한 불법이고, 암암리에 이뤄지는 탓에 조사별로 편차가 크다. 2024년 기준 여성가족부 예산이 1조 7,000억가량이었음을 고려하면, 이 정도 규모의 문제를 단지 개개인의 일탈로 치부할 수 있을 리 만무하다. 성매매 산업에는 공간을 제공하고, 여성의 성을 유통하고 판매하고 소비하며, 여성의 성적자기결정권을 통제하는 절대다수 남성이 존재한다. 남성의 모습을 한 국가의 구조적 방조가, 젠더권력 아래에서 얼마든지 몰라도 되었던 무수히 많은 남성의 무관심이, 타인의 성을 구매하고 지배할 수 있다고 믿는 왜곡된 성관념이 만든 비극이다.

이 모든 문제는 분절되어 있지 않고, 하나의 연장선상에 놓여 있다. 일상이 된 성적 대상화부터 단체 채팅방에서 발생하는 성희롱, 온라인 커뮤니티에 만연한 여성혐오, 관행이라는 이름으로 용인되어 온 성접대 문화와 성차별적인 사회구조까지 하나씩 변화를 만들어야 한다. 지금은 21세기다.

자동차가 하늘을 날아다니지는 못해도, 최소한 이 뿌리 깊은 폭력을 마냥 숨기고 있을 수만은 없다. 이제는 남성들이 똑똑히 코끼리를 바라봐야 할 때다.

지겨운 군대 꿈, 더 지겨운 군대 이야기

군대 문제와 성평등

또 군대 꿈이다. 내무반에서 시작될 때도 있고, 훈련소 입소식에서 등 떠밀릴 때도 있으며, 청천벽력 같은 재입대 통지서에 부들거리며 반박하다 끌려갈 때도 있다. 디테일은 조금씩 다르지만, 그 공포와 무력감은 대체로 비슷하다. 하필이면 생생하기까지 해서 식은땀을 흘리다 잠에서 깨어 안도하곤 한다. 흔한 이야기다. 어떤 군 생활을 했든, 군 생활이 길었든 짧았든 군대를 다녀온 남성들 중에서 재입대하는 꿈을 한 번도 안 꿔본 사람을 찾아보기 어렵다. 농반진반으로 이런 꿈을 일종의 PTSD(외상 후 스트레스 장애) 증상으로 이야기하는 사람들도 있다. 입대하자마자 제식훈련으로 걸음

걸이와 손발 각도를 비롯한 모든 행동을 통제받고, 군대 밖과는 사뭇 다른 규칙과 문화를 무비판적으로 수용해야 하는 등 자신의 의지와 무관하게 심신을 구속받은 경험이 외상이 아닐 수 없으니, 그로 인한 충격이 꿈에서 반복되는 이 현상을 PTSD라고 하는 것도 영 과장은 아닌 것 같다.

유독 더 지겨운 군대 이야기

군대에서 보낸 시간을 보상받고 싶은 마음 때문인지, 군대 꿈을 꾸는 만큼 군대 이야기 역시 지겹게 자주 듣는다. "내가 이만큼 힘들게 군 생활을 했다"라는 이야기부터 각종 무용담까지. 특히 남성들이 모인 술자리에서는 군대가 없었으면 섭섭했겠다 싶을 정도로 빠짐없이, 그리고 끊임없이 군대 이야기가 나온다. 그래서인지 군대 관련 콘텐츠도 계속해서 생산되고 소비된다. 비판 어린 시선으로 군대를 바라보는 다큐멘터리나 시사 프로그램부터 군대를 소재로 한 드라마·영화, 예능·유튜브 콘텐츠까지, 군대는 일상과 결코 동떨어져 있지 않다. 아니, 애초에 그럴 수가 없다. 한국은 성인 남성 대부분이 '당연하다는 듯' 군대를 다녀오는 나라니까. 남성들이 몸과 마음에 익힌 군대 문화가 사회에 차고 넘치는 것도 놀라운 일이 아니다.

군대에서 축구한 이야기, 어리숙한 후임병 혼쭐내준 이야기, 술자리에서 하는 군대 이야기 등 지긋지긋한 군대 이야기가 참 많지만, 그중에서도 유독 더 지겨운 군대 이야기는 단연 페미니즘·성평등 이슈가 논의될 때마다 들리는 "군대나 다녀오라"라는 말이다. 여성이 남성보다 가사노동 부담을 많이 지고 있다는 기사에도, 유리천장과 성별에 따른 임금 격차 이야기에도, 심지어 여성 대상 폭력을 중단하라고 외치는 목소리에도 군대부터 다녀오라는 말이 들려온다. 마치 이 모든 문제가 여성이 군대에 가지 않아서 발생한 것처럼 말이다. 온라인 공간뿐 아니라 교실에서도 이런 목소리가 들려온다. 교육을 받는 청소년들이 강사에게 군대 다녀왔냐고 은근슬쩍 떠보기도 하고, 교육 평가지에는 남성 역시 여성 못지않게 '군대에 가야 하는 차별'을 겪는데 이를 다루지 않아 편향된 교육이라는 말을 남기기도 한다.

어떤 말은 문장 그 자체보다 발화자가 처한 상황과 행간에 더 많은 의미가 담겨 있다. 군대나 다녀오라는 말 또한 그렇다. 이 비명 같은 외침 아래에는 군대에 대한 공포가 담겨 있다. 내가 군대에 가야 한다는 걸 처음 인식한 순간은 유치원 때였다. 유치원 어린이 캠프에서 난생처음 경험하는 외박을 앞두고 두려움에 떨고 있을 때, 주변 어른들은 "나중에 군대 가려면 이 정도는 참아야지"라고 말하며 나를 달래고자 했고, 이 말은 자연스레 나에게 강인한 남성성에 대한 선망과 함께 군대에 대한 공포를 심어주었다.

이후에도 군대는 입대 전까지 또래 친구들 사이 초미의 관심사였다. "통일되면 안 갈 수 있지 않을까?", "기왕 갈 거면 폼 나게 멋진(힘든) 곳으로 가는 게 좋지 않을까?", "누구는 '빽'이 있어서 편한 곳에 갔네", "누구는 군대에서 다쳐서 '개고생' 했다더라" 등 복잡하게 터져 나오는 군대 이야기에는 단지 투정이나 남 탓으로 치부할 수 없는 공포와 차별, 폭력 문제가 섞여 있었다. 비극은, 군대를 다녀온 남성들은 더 이상 이런 이야기를 하지 않는다는 것이다. 도리어 세상의 수많은 예비역은 앳된 남자들의 호소에 그저 "사내새끼들이 말이야…"로 시작하는 일장 연설을 하거나 '나 때'를 소환하며 군대 문제와 관련된 하소연 자체를 금기시한다. 마치 성차별 문제에 군대나 다녀오라고 말하는 것처럼 말이다. 이렇게 폭력은 늘 더 약한 곳을 향해 대물림된다.

군대나 다녀오라는 냉소 섞인 말은 그 누구의 문제도

해결할 수 없이 공허할 뿐이다. 우리에게는 그 이상의 이야기가, 더 나은 질문이 필요하다. 애초에 남성만 징병하는 이유가 뭘까? 왜 그렇게 된 걸까? 과거에 어둠의 페미니스트들이 암약하여 남성을 골탕 먹인 게 아니라면 그 역시 한국 사회의 뿌리 깊은 성별고정관념에 기인했으리라 짐작할 수 있다. 남성에게 더 우월한 신체 능력이 있고, 여성은 보호받아야 하는 연약한 존재라는 성별고정관념 말이다. 이와 비슷한 맥락의 온갖 성차별 아래에서 여성은 정치, 경제, 사회, 역사에서 지워졌고, 여성을 대상으로 하는 폭력 역시 어쩔 수 없다고 방치되거나 대수롭지 않다는 듯 무시당했다. 다시 말해, 군대 문제와 성평등은 대립하는 문제가 아니라 도리어 함께 풀어가야 할 문제다.

페미니스트와 함께 군대에 대해 이야기하기

한편으로 한물간 '군 가산점제'를 여전히 이야기하는 사람들이 있다. 군 가산점제를 도입하면 정말 군대에 다녀온 사람들에게 충분한 보상이 될까? 결코 그렇지 않다. 군 가산점은 군대에 다녀온 사람 중에서도 공무원 시험이나 공기업 입사를 준비하는 극히 일부에게만 혜택을 준다. 반면 제도의 폐해는 폭넓게 발생한다. 군 가산점은 사기업의 채용 과정에서 발생하는 성차별과, 취업 이후의 임금격차, 유리천장 등 열악한 환경에 내몰린 여성들에게 그나마 남아 있는 몇 안 되는 선택지였던 공무원 시험, 공기업 입사라는 기회마저 앗아 갈 수 있기 때문이다. 한마디로 보상은 미미하며, 차별은 광범위하고 영구적이다. 이런 차별적인 요소를 고려하여 군 가산점제는 이미 1999년 헌법재판소에서 재판관 전원이 위헌으로 판단한 바 있다. 아니, 애초에 고생은 군대에서 했는데, 왜 그 보상은 민간에서 하라는 걸까? 왜 여성들이 그로 인한 차별을 받아야 할까?

서로를 탓하는 소모적 논쟁보다 더 나은 질문은 없을까? 예컨대 병사들은 왜 일과 후 외출을 할 수 없는 걸까? 카투사는 가능하다던데 다른 부대는 뭐가 그렇게 다른 걸까? 혹시 불가능한 게 아니라 번거로운 변화를 미루고 있는 건 아닐까? 그렇다면 변화를 번거롭고 귀찮게 여기는 사람은 누굴까? 애초에 징병제가 꼭 필요할까? 여전히 '휴전' 중이라 어쩔 수 없다면, 종전 선언을 할 수는 없는 걸까? 혹자는 이런 질문들을 꺼내는 사람에 대해 사상이 불순하다고, 군대와 사회는 다르다고, 군의 특수성을 알지도 못하면서 쉽게 떠들지 말라고 할지 모른다. 하지만 그때도 물어보자. 군대와 사회는 어떻게 다를까? 그렇다면 군대에 대해 이야기할 수 있는 사람은 누굴까? 군대에 대한 질문을 막는 게 대체 누구를, 무엇을 위함일까?

질문에 능통한 사람들이 있다. 바로 페미니스트들이다. 수많은 페미니스트가 여성과 남성이 정말 그렇게 다른지 질문해 왔다. 그 질문은 여성이 연약하고 남성의 보호를 받는 대상에 그치지 않는다는 이야기로, 징병제라는 억압적인 제도에 더 나은 변화를 요구할 수 있다는 주장으로 이어질 수 있다. 남성들도 요즘 군대가 무슨 군대냐고 비아냥 거리며 자신의 군 경험을 지나치게 축소하거나, 반대로 과장하거나 낭만화하지 말고 문제를 직면해서 바라보자. 그리고 이제는 질문하자. 군대에서 경험한 일들이 정당했는가? 징병제가 정말로 필요한가? 한국 사회에 만연한 군대 문화에 과연 자녀에게, 다음 세대에게 마땅히 대물림할 가치가 있는가?

그게 아니라면 이제 이야기하자. 힘들었다고, 괴롭고 두려웠다고, 변화가 필요하다고 이야기하자. 여성들을 향해서가 아니라, 징병제와 국가권력을 향해서 외치자. 변화를 이야기하자. 장담컨대, 폭력과 차별에 대한 변화를 이야기하는 데 페미니스트만큼 든든한 동료가 없다. 그러니 두려워하지 말고, 주저하지 말고 이제 페미니스트와 함께 군대에 대해 이야기하자.

'그것'을 둘러싼 남성들의 알 수 없는 집착

허구적 남성성이 낳은 불안

◆◆◆

"남자라면 커야죠." 교실에 웃음이 터진다. 남학생들과 '남자다움'에 대한 고정관념을 이야기하며 한국 사회에서 어떤 게 남자답다고 여겨지는지 물어보면 늘 빠지지 않고 큼직함에 대한 대답이 나온다. 성기 크기에 대한 이야기임이 분명하지만, 나는 도리어 "그렇죠. 학생이라면 자고로 꿈과 배포가 커야죠"라며 능청을 부린다. 음경에 대한 집착은 비단 혈기왕성한 청소년의 전유물이 아니다. 성교육 시간에는 음경의 평균 크기에 대한 질문이 초등학교 때부터 빠지지 않고 나온다. 어디 그뿐일까. 한국뿐만 아니라 세계 곳곳의 관광지에서 음경 모형의 기념품, 술병, 심지어 조각상까지 찾아볼 수 있다. 그것들은 전 세계에 퍼져 있는 남아선호사상을 보여준다고 여겨지기도 하고, 다산과 풍요를 기원하는 토템이라고 이야기되기도 한다. 하지만 직관적으로 생각해 봐도 아무래도 그런 의미는 나중에 갖다 붙인 것 같다는 합리적 의심을 하게 된다. 다산과 풍요를 기원하는데 왜 하필 그토록 과장되게 거대한 음경 모양이 필요하다는 말인가? 이 집착은 대체 무엇일까?

거대한 음경에 대한 거대한 집착

흥미롭게도 이 집착에 가장 큰 열성을 보이는 사람들은 바로 이성애자 남성들이다. 다른 남성의 발기된 음경을 볼 기회가 많지도 않을 것 같은 이들이 대체 왜 그토록 음경에 집착하는지 알다가도 모르겠다. 남성 집단 안에서 거대한 음경에 대한 선망은 가히 신화라고 해도 과장이 아니다. 단적으로 내가 경험한 남성 집단만 해도 유난히 도드라지는 음경을 가진 친구는 그것을 드러내는 데 거침없었고, 주변에서는 부러운 시선을 보내는 데 주저하지 않았다. 예능 프로그램이나 영화에서도 이를 소재로 한 장면이 적지 않다. 인터넷에서 유행했던 "영차!" 건배사를 기억하는가? 이 건배사는 2015년 영화 〈내부자들〉에서 음경을 이용해 폭탄주를 제조하는 장면이 밈이 된 것으로, 단지 인터넷에서만이 아니라 지상파 예능 프로그램에서까지 쓰였다.

이쯤이면 음경에 대한 집착은 단지 성적인 기능에 대한 관심만으로는 설명할 수 없는 지경이다. 당장 해부학적으로 보더라도 여성의 성감에 큰 부분을 차지하는 음핵과 신경말단은 질 안쪽 깊은 곳이 아니라, 질 입구 5~7센티미터 부근에 분포되어 있다. 따라서 음경의 크기, 특히 길이가 성관계에 결정적인 영향을 준다고 말하기 어렵다. 여러 연구에서도 이성애 여성의 성관계 만족도와 파트너의 음경 크기는 그다지 큰 상관이 없는 것으로 나타난다. 2015년 영국《비뇨기학회지》에서는 남성 음경의 평균 사이즈를 측정하기 위해 무려 1만 5,000명의 음경을 연구한 자료를 발표했다.[10] 이 자료의 말미에는 음경 크기에 대한 남성들의 집착을 꼬집듯, 이성애자 남녀 5만 2,031명을 대상으로 실시한 인터넷 설문조사 결과 여성은 85퍼센트가 파트너의 음경 크기에 만족한 반면, 남성은 55퍼센트만이 자신의 음경 크기에 만족했다는 내용이 나온다. 또 미국 채프먼 대학교 연구진에 따르면, 친밀한 사람과의 성관계에서 거의 매번 오르가슴을 느낀다고 응답한 비율이 이성애자 남성은 95퍼센트에 달한 반면, 같은 응답을 한 이성애자 여성은 65퍼센트에 불과했다.[11] 이는 레즈비언 여성(86퍼센트)보다 크게 낮은 수치였다. 여성의 성적인 만족도에 음경 크기가 중요하다면 이처럼 상반된 결과가 나올 수 있을까? 그러니까, 이러한 연구 결과들로 미루어 생각할 때 거대한 음경에 대한 남성들의 거대한 집착은 이성애자 여성과의 관계와는 상관없는 그들만의 이상한 리그가 되어버렸다고 이야기할 수 있겠다.

유명 비뇨기과 전문의도 유튜브 방송에서 이와 비슷한 이야기를 했다. 음경 확대 수술 상담을 받으러 비뇨기과에 찾아온 사람 중 일부는 성관계에서의 문제가 있다기보다는, 단지 목욕탕에서 자신 있는 모습을 보여주고 싶은 마음이라는 것이다. '사우나 콤플렉스'라는 말까지 붙은, '그것'의 크기를 두고 고민하는 남성들의 모습은 짠할 지경이다. 대체 신체 일부일 뿐인 음경에 왜 이토록 집착하는 걸까?

음경은 음경일 뿐이다

남성들이 이토록 음경 크기에 집착하는 것은 '자존심', '자신감'이라는 말로 음경에 투영해 이야기하는 것의 실체가 실은 '남성성'이기 때문이다. 흔히 성별이 성기를 통해 구분되고 드러난다고 여기기에 음경에 남성성을 투영하는 것을 자연스럽고 당연하게 생각하는 경우가 많다. 하지만 여기서 말하는 남성성은 비단 생물학적으로 염색체가 XY로 구성되어 있다는 뜻이 아니라, 한국 사회에서 남성의 역할을 수행할 것임을 약속하고 그 대가로 남성이라는 사회적인 위치를 승인받는다는 의미다. 단지 음경을 둘러싼 자연스러운 신체 현상을 설명할 때에도 더 '남성적'이라고 여겨지는 표현을 사용하는 것은 그 때문이다. 이를테면 발기를 "화났다"라고 표현하거나 발기부전을 '고개 숙인 남성'으로 표현하듯 말이다. 하지만 음경에는 감정이 없고 고개 숙인 건 남성이 아닌 음경일 뿐이다. 그럼에도 많은 남성이 이를 구분하지 않으며 음경이라는 내밀한 신체에 남성성을 투영한다.

'딕픽dick pic'은 음경에 왜곡된 남성성을 투영할 때 벌어지는 참사를 보여준다. 딕픽은 말 그대로 남성들이 촬영한 자신들의 음경 사진을 의미한다. 그 애착을 이해하기는 어렵지만, 세상에는 다양한 사람들이 있으니까 그럴 수 있다고 생각한다. 문제는 이것을 '개인소장' 하는 데 그치지 않고, 타인에게 다짜고짜 보낸다는 것이다. 흔히 '바바리맨'이라고 부르는 여성을 대상으로 하는 노출 성폭력의 온라인 버전이다. 인플루언서나 연예인뿐 아니라 평범한 여성들도 SNS, 게임, DM, 에어드랍 등 다양한 경로로 이런 피해를 겪었다고 이야기한다. 상식적으로 이런 행동을 통해 호감을 살 수 있을 리 만무하다. 그런데 대체 왜 그러는 걸까?

이 행동의 저의에는 음경 사진을 통해 자신의 남성성을 과시하고 상대의 불쾌한 감정을 촉발하는 등 타인을 통제·지배하고 있다고 믿고 싶은 그릇된 욕구가 숨어 있다. 몇 해 전, 한국 사회를 휩쓸었던 '집게손'을 둘러싼 광풍 역시 비슷한 문제를 보여준다. 남성들이 많이 사용하는 온라인 커뮤니티를 중심으로 한 광고 포스터에 사용된 집게손 모양이 한국 남성의 작은 음경 사이즈를 조롱하는 것이라는 음모론이 퍼졌다. 허술하기 그지없는 황당무계한 이야기에도 해당 기업과 디자이너를 향한 비난과 폭력은 스포츠처럼 번졌다.

이 광풍이 의아했던 건 지금까지도 온라인 공간에서 성적인 이야기, 특히 여성의 성기를 비롯한 신체 부위에 대한 농담이라 이야기되는 폭력이 차고 넘치기 때문이다. 이에 대해 조금이라도 불편한 기색을 보일라치면, '진지하게 굴지 말라'는 면박을 받기 일쑤다. 그런데 왜 갑자기 남성의 음경을 둘러싼 이야기에는 없는 말까지 만들어 가며 발끈할까? 이것은 음경을 둘러싼 이야기를 단지 성기만이 아닌 남성성과, 그로부터 비롯된 젠더권력에 대한 도전으로 받아들이기 때문이다. 즉, 이 문제의 본질은 지배적인 가부장적 남성성이 저물어 가는 시대에 여전히 그 미련의 끈을 놓지 못하고 젠더권력을 유지하고자 하는 심리인 것이다.

음경은 그저 음경일 뿐이라서 모양이 다르거나, 손상을 입었거나, 잘 기능하지 못한다고 해도 그로 인해 남성이 남성 아닌 존재가 되지 않으며, 남성으로 살아가는 개인의 삶이 의심이나 질타를 받을 필요도 없다. 오히려 남성성이라는 실체 없는 허상을 음경으로 환원하여 이야기할수록 남성들은 남성이 되기 위한 끊임없는 인정투쟁에 빠져들게 되고, 그로 인해 더 많은 남성의 삶이 괴로워질 것이다. 이제는 음경으로 환원되어 이야기되는 남성성이 얼마나 허구적이고 취약하며 부질없는지를 인정하고 다른 이야기를 시작해야 한다. 더 나아가 남성이 차지하고 있는 젠더권력과 사회적 지배구조에 대한 변화를 모색해야 한다. 음경에 대한 비뚤어진 집착을 버리고 물어보자. 남성성이란 무엇인가? 또 무엇이어야 하는가?

처벌 이후에도 책임은 계속된다

처벌 강화 이상의 논의를 시작할 때

◆◆◆

세상 모든 사람이 드라마 〈더 글로리〉 이야기를 하고 온갖 유행어와 2차 창작 콘텐츠가 쏟아지는 동안에도 나는 열심히 피하고 있었다. 그 드라마가 싫어서는 아니고, 원체 스릴러 장르에 약해서 도저히 볼 자신이 없었다. 한편으로는 이미 현실에 잔혹한 일이 많은데, 드라마까지 고통받으며 봐야 하나 싶어서 일부러 외면하는 마음도 있었다. 하지만 교육의 주된 주제 중 하나가 폭력예방이다 보니 마냥 외면할 수만은 없었다. 드라마 속 학교폭력 이야기는 전해 듣기만 해도 고통스러울 정도로 끔찍했지만, 항상 현실은 그보다 더 지독하기 마련이니까.

성폭력, 성희롱, 가정폭력, 성매매와 관련해 쏟아지는 뉴스를 보다 보면, 정말 세상이 나아지고 있기는 한 걸까 싶은 의구심이 든다. 동시에 가해자를 응징해서라도 정의를 바로 세워야 하는 게 아닌가 싶은 마음도 곧잘 든다. 〈더 글로리〉에 열광한 사람들도 비슷한 마음이었으리라 생각한다. 폭력은 흔하고, 가해자가 제대로 처벌받는 경우는 드문 현실에서 미디어 속 복수극이 많은 사람에게 인기를 끄는 건 당연할지 모른다. 잔혹하고 처절한 복수를 통해서라도 '정의 구현'을 하고자 하는 절박함 앞에서 "복수는 덧없다"라거나 "용서가 필요하다"라는 말은 얼마나 공허해지는가.

교육자 정체성을 갖고 사적인 '복수'나 '응징'에 동의할 수는 없는 노릇이니, 강단에서만큼은 어떻게든 더 건설적이고 교훈적으로 폭력예방에 대한 논의가 이어질 수 있도록 유도한다. 하지만 사람 마음이 다 비슷한지 여러 폭력 사례를 들려주면, 참여자들은 가해자가 어떤 처벌을 받았는지부터 묻는다. 교육 내용 중에서도 어떤 말이나 행동이 어떤 처벌을 받으며 처벌 수위는 어느 정도인지에 대한 관심이 많다. 문제를 해결할 방안을 질문해도 '처벌 강화'는 늘 단골 답변이다. 그때마다 처벌을 강화한다고 달라지지 않는 현실과,

처벌 강화 주장이 시사하는 바, 사회구조 등에 대한 논의를 이끌기 위해 애쓰지만, 참여자들이 내놓는 방안은 자주 처벌 강화로 되돌아갔다. 그건 "행복하게 오래오래 잘 살았답니다"라고 끝나는 동화 같은 결말을 기다리는 마음일 것이다. 책장을 덮고 편안하게 마침표를 찍기 위해 일벌백계라는 꽉 닫힌 결말이 주는 안정감을 바라는 마음이랄까?

평범한 나와 흉악한 너

몇 해 전 성폭력 가해 청소년 교육을 의뢰받았다. 대상자들은 온라인상의 허위 사실 유포부터, 불법촬영물 시청, 강간 등 각종 성범죄를 저질러 「아동청소년의 성보호에 관한 법률」 제44조에 따라 법원에서 교육 수강명령을 받은 청소년들이었다. 교육 활동을 시작하며 꼭 성폭력 가해 청소년 대상 교육을 해야겠다고 생각했지만, 동시에 아무래도 이들을 대상으로 하는 교육은 피할 수 있으면 최대한 피하고 싶은 마음이 들기도 했다. 잠시 주저한 끝에 수락했다. 기왕 맡은 만큼 잘하고 싶은 마음과, 대체 어떤 이들을 만나게 될까 하는 두려움이 뒤섞인 복잡한 심경으로 악착같이 교육을 준비했다. 첫 교육 전날에는 온갖 극단적인 꿈에 시달렸다.

긴장 탓에 앙다물었던 턱근육을 풀고, 애써 떨리는 마음을 숨기며 들어간 그곳에는 놀라울 정도로 어떤 반전도 없었다. 일부 청소년은 유치한 기싸움을 벌이는 버릇을 못 고쳤고, 또 일부는 잔뜩 주눅이 들어 있었다. 그중 어떤 이들은 다른 곳에서 만났으면 분명 꽤 친해졌을 법해 보였다. 다시 말하자면, 그냥 교실 속 평범한 청소년들의 모습 그 자체였다. 교육이 끝난 후 한 청소년은 내게 학교에서 성평등 교육이 얼마나 자주 진행되는지를 물었다. 그러고는 자신이 이런 교육을 조금 더 빨리 들었다면 좋았겠다는 아쉬움을 표하며 부끄러운 듯 말끝을 흐렸다.

부끄러워해야 할 사람이 그 청소년만은 아니었다. 그러니까, 조금은 관상 같은 것을 믿기도 했던 것 같다. 이를테면 흉악한 범죄자들의 신상공개가 될 때면 댓글창에는 '생긴 것부터 싸하다'는 식의 이야기가 흔하고, 그런 이야기에 적극적으로 동조하지는 않았어도 나도 못내 눈빛이 께름칙하다고 느끼곤 했다. 다시 생각해 보면 그건 일종의 방어기제였다. 범죄자를 알아볼 수 있으니 안전하다는 착각이자, 나는 그들과 다르다는 바람이었다. 흉악한 가해자와 천진무구한 나를 가로지르는 또렷한 선을 긋기도 했다. 그렇게 벽을 세울수록 처방은 간단명료해졌다. 처벌과 더 강력한 처벌! 마술 쇼에서 지팡이를 휘두르면 사라지는 토끼나 비둘기처럼 강력한 처벌을 휘두르면 범죄도, 그 배경이 되는 문제들도 휙 사라질 수 있다고 기대했던 것 같다. 실상 사라지는 건 문제에 대한 내 관심뿐이었는데 말이다. 현실에서 나와 범죄자를 가로지르는 선 따위는 존재한 적 없고, 눈코입 모양으로 악인을 예측하고 구분해 내는 것은 불가능하다. 더군다나 사이다 같은 복수 후에도, 막이 내리고 책장이 덮이듯 끝나는 사회문제는 없다.

'○○_내_성폭력' 해시태그 운동과 미투 운동은 한국 사회에 만연했던 성폭력 문제를 수면 위로 올림으로써, 그것이 비단 악마 같은 '일부' 가해자와 불운한 일부 피해자 개개인의 문제가 아니라 성차별적이고 위계적인 사회의 문제임을 직시하게 했다. 더 많은 가해자가 수면 위로 드러날수록 가해자를 손가락질하며 타자화하기 위해 악착같이 '평범한 나'와 다른 점을 찾던 눈길과 손짓은 머쓱해졌다. 가해자 중에서는 실로 많은 이들이 존경하던 사람, 좋아하던 연예인, 친절하다고 알려진 주변 사람이 있었다. 나는 그들보다 더 열심히 살지도 않았고, 사람들에게 더 사랑받지도 않았으며,

특별히 더 친절하지도 않았다. 그래서 더 이상 '내가 그럴 줄 알았다'라며 혀를 차며 문제를 외면할 수가 없었다. 가해 청소년 교육을 시작한 이후로는 '그래도 조금은 다른 점이 있지 않을까?' 하며 남아 있던 의심마저 사라졌다.

이제는 처벌 이후를 이야기할 때

우리는 미투 운동이 펼쳐지는 동안 가해자로 지목된 이들이 잘못인 줄 몰랐다거나 실수였다는 변명으로 일관하거나 책임지겠다고 말하면서 오히려 문제에서 도피하는 모습을 지켜봤다. 억울함을 호소하며 무책임하고 뻔뻔한 모습을 보이는 광경 역시 흔했다. 그 과정에서 피해자는 물론이고, 가해자의 주변 사람, 공동체를 이루던 사람들의 상처까지 봉합될 줄 모르고 커져만 갔다.

간신히 처벌을 이끌어 내도 결과는 마찬가지였다. 처벌과 사과는 지난 행동에 대한 하나의 매듭일 뿐 문제를 해결하는 만능열쇠가 아니다. 그런데 어떤 가해자들은 이를 면죄부처럼 휘두르며 사과를 했으니, 처벌을 받았으니 끝난 거 아니냐고 철면피처럼 굴었다. 어렵게 얻은 공동체 회복의 기회는 그렇게 산산조각이 났다. 이러한 파국은 단지 개개인의 부도덕과 무책임, 무지뿐 아니라 처벌 이후를 생각해 본 적 없는 우리의 빈곤한 상상력에서도 기인한다. 이제는 처벌 강화, 가해자 구분 짓기가 아니라 처벌 이후에 대한 이야기가 더 많이 필요하다.

마땅한 방법을 제시할 능력도 자격도 없으니, 강의에서 자주 이야기하는 사례를 한 가지 소개해 보려 한다. 자신의 잘못에 책임을 다하는 모습이란 무엇인지 보여준 흔치 않은 사례다. 주인공은 한 중년 배우로, 이 배우를 내 뇌리에 남긴 것은 작품 활동보다는 그가 '물의'를 일으키고 사람들의 입에 오르내린 사건이었다. 그가 공식 석상에서 농담이라고 던진 여성혐오적 발언이 수많은 사람에게 불쾌감을 주며 논란이 일었고, 나는 으레 그가 다른 문제를 일으킨 여느 배우들처럼 내 기억과 스크린에서 사라지겠거니 했다. 그런데 이 배우의 행보가 내 예상과 사뭇 달랐다. 일단 변명으로 일관하거나 사건의 본질을 뭉개지 않았고, 공식적으로 자신의 잘못을 사과했다. 여기까지만 해도 상당히 드문 경우인데 그 이후 행보는 더 놀라웠다. 그는 팬들이 보내준 책을 읽으며 '인증샷'을 올리는 등 계속해서 페미니즘을 공부하는 모습을 보여줬다. 자신의 잘못을 계기로 반성과 성찰을 거쳐 훌쩍 성장했고, 급기야 페미니즘 관점으로 보아도 손색없는 영화를 직접 연출하며 자신의 공부가 그저 보여주기식이 아니었음을 증명해 보였다. 바로 배우 김윤석과, 그가 직접 감독과 주연을 맡은 영화 〈미성년〉의 이야기다.

나는 교육 말미에는 늘 이 사례를 소개하며, 참여자들에게 '자신의 잘못을 마주하고 책임지는 자세'란 무엇일지 묻는다. 단지 유려한 사과문을 쓰거나 처벌을 받는 '결과'에 그치는 것이 아니라, 일생에 거쳐 변화하는 '과정'을 보여주는 것. 쉽지 않겠지만 나는 그것이 피해자, 혹은 상처받은 이들이 일상을 회복하는 데 가장 확실한 방법이라고 믿는다. 손가락질하며 가해자와 선을 긋는 사람은 흔하고, 자신의 잘못에 책임지는 사람은 드문 지금, 우리에게는 처벌 이후의 책임에 대한 고민이 필요하다. 우리는 모두 조금씩은 모나고 때로는 실패하고 상처받기도 하는 존재임을 기억해야 한다.

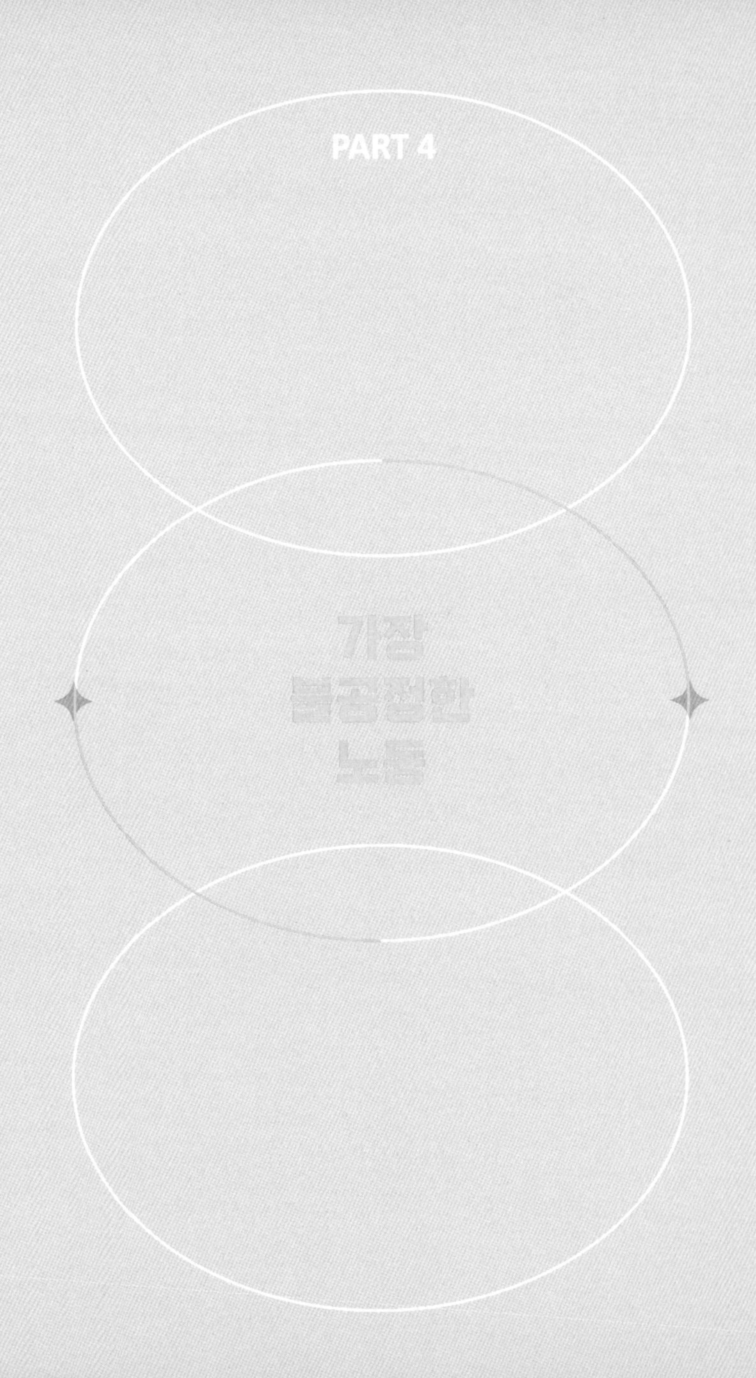

PART 4

가장 불공정한 노동

태초에 재생산노동이 있었다

인간답게 사는 데 가장 필수적인 노동

2019년부터 프리랜서로 살고 있다. 아직은 제법 적성에 잘 맞는다고 느낀다. 프리랜서로 재택근무를 갓 시작했을 때는 모든 것이 마냥 좋았다. 출퇴근길에 낯선 사람들과 부대끼지 않아서 좋았고, 자체 탄력근무제를 적용해 낮에 마음껏 볕을 쬘 수 있어 행복했다. 프리랜서로서 누리는 가장 큰 호사는 직장인 친구들과 늦게까지 술을 마신 후, 숙취로 고통받는 친구의 출근길을 이불 속에서 배웅하는 것이다. 행복이 멀리 있지 않다는 걸 새삼 느낀다.

그렇다고 어려움이 없지는 않다. 특히 일과 생활이 분리되지 않는다는 점이 참 어렵다. 그다지 부지런하거나 깔끔

떠는 성격이 아닌데도, 집안일은 끝이 없다. 일하다 말고 끼니를 챙기고, 벌레가 생기지 않게 쓰레기를 치우고, 글을 쓰려고 앉아서 창밖을 내다보다 창틀에 쌓인 먼지를 닦아 내고, 강의안을 짜다 말고 반려묘의 응석을 받아주다 보면, 어느새 하루는 끝나가고 마감이 목을 조른다. 그저 깨끗한 속옷을 입고, 양질의 영양분을 섭취하며, 안전하고 청결한 환경에서 살고 싶을 뿐인데, 그러려면 가사노동이 자꾸만 임금노동의 세계를 침식해 들어왔다.

재생산노동에 무임승차하고 있지 않나요

결국 나는 집 근처 공유 오피스로 자주 도망쳐 나온다. 그 덕분에 업무 환경은 쾌적해졌지만, 공유 오피스가 근본적인 해결책이 될 수는 없다. 내가 공유 오피스에서 일하는 동안에도 밀린 빨랫감, 유통기한을 넘겨 냉동실로 유배된 정체 모를 음식물, 심심해하는 반려묘, 낡아가는 집 안 곳곳은 그대로이기 때문이다. 그러니까, 집 밖에서 해야 하는 일(생산노동)과 집 안에서 해야 하는 일(재생산노동) 사이에서 균형을 유지하기란 좀처럼 쉽지 않다. 이게 어디 나만의 문제일까? 주변 자취인들의 몰골은 늘 말이 아니라서 간혹 유복하고 덕망 넘치는 친구들이 이들에게 소량의 과일과 채소를 하사하곤 했다. 영양 과잉의 시대에 이게 무슨 말인가 싶겠지만, 결코 과장이 아니다.

나를 비롯한 청년 세대는 재생산노동에 익숙하지 않은 경우가 많다. 학교에서 좋은 성적을 받고, 좋은 스펙과 커리어를 쌓아 성공하는 건 치켜세우지만, 빨랫감을 종류별로 분류해서 세탁기에 돌리고, 페트병은 라벨을 떼어 내서 분리배출하고, 싱크대를 물기 없이 관리하는 일은 가소롭고 하찮게 여기는 문화 속에서 성장했기 때문이다. 그러나 오늘날에도 변기는 저절로 깨끗해지지 않으며, 세탁기와 건조기가 있어도 여전히 사람의 노동은 필요하고, 배송이 아무리 간편해졌어도 식료품과 생필품 재고는 틈틈이 확인해야 한다. 더러운 속옷만 입고 강의하러 갈 수 없고, 삼각김밥만 먹으며 글을 쓸 수는 없으니까.

재생산노동의 위상은 오늘날에도 생산노동에 미치지 못한다. 『부엌 청소로 오르가즘을 느끼는 여자는 없다』라는 책 제목처럼[1] 여성이라고 집안일이 즐거울 리 없으나, 사회적으로 재생산노동은 마치 여성 고유의 역할인 것처럼 인식되며 여성혐오의 맥락에서 멸시받았다. 그러나 재생산노동은 의식주의 근간이자 인간이 인간답게 사는 데 가장 필수적인 노동이다. 제아무리 강한 사람도 벌거벗은 채 태어나 누군가의 돌봄을 받았고, 아무리 돈이 많아도 재생산노동이 없으면 의식주를 해결할 수 없다.

만약 재생산노동이 낯설고 재생산노동을 해본 경험이 드물다면, 그것은 당신이 지금까지 재생산노동에 무임승차해 왔다는 소리다. 무임승차라는 표현은 너무 심한 게 아닌가 싶을 수 있겠지만, 가슴에 손을 얹고 한번 생각해 보자. 한국 사회에서, 당신의 마음속에서 생산노동의 1분과 재생산노동의 1분은 동등하게 취급받고 있는가? 재생산노동의 값어치는 어떻게 책정되어 왔는가?

남성성의 굴레에서 벗어나 재생산노동으로

2019년 기준으로 맞벌이 가구의 “가정관리”와 “가족 및 가구원 돌보기”를 합산한 하루 평균 재생산노동 시간은 남편이 54분, 아내가 187분으로 여성 배우자가 133분이나 더 많은 것이 엄연한 현실이다.[2] 남성도 생산노동으로 가정경제에 이바지하고 있으니 이러한 차이는 합리적이고 공정한 역할 배분의 결과라는 반론이 있을 수 있지만, 이는 통계에서 드러나는 분명한 수치와 기혼 여성의 경력단절이라는 사회구조적 문제를 외면하고 부끄러움을 감추려는 시도에 불과하다. 다시 말해, 한국 사회는 무수히 많은 남성이 무수히 많은 여성의 재생산노동에 무임승차하고 있다.

재생산노동에는 은퇴가 없다. 은퇴한 중장년 남성이 집에서 '삼식이'라고 불리며 구박받는다는 자조적 농담의 이면에는, 남편이 은퇴한 이후에도 아내는 재생산노동에서 은퇴하지 못한다는 무시무시하고 비극적인 현실이 숨어 있다. 이처럼 불평등한 '역할 배분'이 계속될 리 만무하다. 30대에 접어든 주변인들의 부모가 불화 끝에 갈라섰다는 소식을 심심치 않게 듣는다. 실제로 지난 10여 년 사이에 '황혼 이혼'이 2배 이상 증가했다고 한다. 법적 혼인은 유지하되 각자 자유롭게 사는 '졸혼'이라는 신조어가 한때 화제이기도 했다. 단순히 같이 살 만큼 살았으니 갈라서서 제2의 인생을 찾아 나서는 것이라면 얼마든지 응원할 수 있다. 하지만 이런 현상에 마냥 박수를 보내기 어려운 건, '50대 이상 남성 고독사가 많다'는 현실이 겹쳐 보이기 때문이다. 보건복지부 보도자료에 따르면, 2023년 기준 전체 무연고 사망자(고독사 사망자)의 84.1퍼센트가 남성이었고, 그중 50~60대 중장년 남성

은 전체의 61.8퍼센트에 달했다.[3]

다른 성별, 다른 세대의 인구 집단보다 유독 중장년 남성들이 고독사에 더 취약한 것은 그만큼 이들이 자신을 돌보거나 가족이나 주변 사람들과 유대관계를 쌓는 데 어려움을 겪기 때문이다. 이를 마냥 중년 남성 개개인의 탓으로 돌릴 수는 없다. 많은 중장년 남성이 가부장적 사회에서 '돈을 벌어 오는 것'만을 자신의 역할이라고 믿고 살아왔을 것이기 때문이다. 이처럼 가부장적 남성성의 종착지가 '고독사'라는 비극으로 치닫는 상황에 이제는 종지부를 찍고, 제도적 변화를 이야기해야 한다.

이를테면 남성의 육아휴직을 권장하는 정책이 필요하다. 고용노동부에 따르면, 2023년 전체 육아휴직자 중 남성의 비율은 28퍼센트였다.[4] 많이 높아진 수치라고 하지만, 여전히 갈 길이 멀다. 누군들 육아휴직을 안 쓰고 싶을까. 자녀의 유년 시절은 오직 그때뿐이다. 그 시절은 유보되지 않고, 다른 기억으로 대체될 수도 없다. 그럼에도 남성이 육아휴직 신청을 주저하는 건 '승진은 포기했냐'는 주변의 눈초리와 가부장적 기업문화뿐 아니라, 제도적 한계의 탓이 크다.

반면 스웨덴에서는 '남성 육아휴직 할당제'라고 할 수

있는 정책을 도입했다. 남성이 육아휴직을 사용하지 않으면, 총 480일의 부부 육아휴직 기간 중에서 90일이 사라지는 정책으로서, 남성의 육아휴직 사용률을 견인했다는 평가를 받는다. 육아휴직을 통한 돌봄 경험은 남성들로 하여금 재생산노동의 가치를 피부로 느낄 수 있게 하고, 나아가 자녀가 성장한 이후에도 가족 간의 유대를 쌓는 데에 크게 기여할 것이다. 한국 사회에서 지난 수십 년간 여성들의 생산노동 시장 진출을 권장해 왔다면, 이제는 남성들이 재생산노동의 중요성을 인식하고, 적극적으로 참여할 수 있도록 제도적 변화를 모색해야 한다.

내가 집 안팎에서 제 몫을 하는 인간으로 성장할 수 있게끔 나를 떠먹인 숟가락들을 기억한다. 돌봄받은 경험은 한 사람이 성장하려면 오랜 기간 수많은 사람의 품이 들어간다는 것 역시 알려주었다. 그 숟가락들이 나를 먹여 살렸듯 이제는 내가, 남성들이 숟가락을 들 때다. 물론 한국 사회에서 재생산노동의 가치가 제대로 인정받기까지, 그리고 남성들이 적극적으로 재생산노동에 참여하기까지 가야 할 길은 멀고, 변화의 과정은 더디고 험할지도 모른다. 그러나 긴 호흡으로 함께하자. 잊지 말자. 태초에 재생산노동이 있었다.

내가 다 책임진다는 무책임한 말

성·재생산 건강과 권리에 대한 무관심

하나둘 조카가 생기고 있다. 엊그제까지 같이 헛소리하면서 술 퍼마시던 친구들이 엄마, 아빠가 됐다는 소리다. 부모가 된다는 건 되게 특별하고 대단한 일이라고 생각했는데, 이제 내 친구들이 부모가 되다니 기분이 이상하다. 그래도 눈치껏 이상한 기분은 숨기고 함께 기뻐해 주고 있다. 저출생 문제가 심각하다는데 '애국자'가 된 친구들이 기특하기도 하고, 한 번도 본 적 없는 표정으로 자녀를 사랑스럽게 바라보는 모습이 신기하기도 하다. 그런데 막상 부모가 된 친구들의 이야기를 들어보면 내 생각과 다른 게 너무 많다. 한번은 어느 모임에서 엄마가 된 두 친구를 만났다. 친구들이 내게 부모님께 잘하라는 철든 말과 함께 그간의 고생을 줄줄이 이야기 해주는데, 그 세계가 너무 낯설고 놀라워서 맞장구를 칠 엄두도 나지 않았다. '두 엄마'는 양손에 아무것도 들지 않고 자유로이 걸어본 게 얼마 만이냐며 홀가분한 표정으로 거리를 거닐었다.

성·재생산 건강과 권리

생각해 보면 성교육을 업으로 삼고 있으면서도 부모가 되는 과정에 대해 아는 게 거의 없었다. 학창 시절, 학교 성교육 시간은 정자와 난자, 착상과 분열 같은 과학적 내용을 다룰 뿐, 임신 과정에서 여성의 몸이 어떻게 달라지고 어떤 증상을 겪는지, 어떤 방법으로 출산이 이뤄지며 그 과정에서 어떤 어려움이 있는지, 기저귀와 분유의 일반적인 가격은 얼마인지, 신생아에게 얼마나 자주 수유해야 하고 트림은 어떻게 시켜야 하는지 등 실질적인 내용은 거의 알려주지 않았다. 다시 말해, 한국 사회에서 '임출육'(임신·출산·육아)은 애국으로 포장된, 철저한 개인사였다.

임신·출산·육아를 비롯해 개인이 성적 주체로서 누려야 할 사회적 권리를 SRHR, 즉 성·재생산 건강과 권리Sexual

『남성과 함께하는 페미니즘』 저자 이한 교육 신청

안녕하세요. 『남성과 함께하는 페미니즘』 저자 이한입니다. 교육은 성평등한 사회를 만드는 변화의 시작입니다. 저는 남성성, 섹슈얼리티, 돌봄, 연애, 대중문화 등 책에서 다루는 주제들을 바탕으로 다양한 교육 프로그램을 진행하고 있습니다.

성교육: 성을 금기시하며 단순히 생물학적 지식을 전달하는 성교육을 넘어 청소년의 연애부터, 성적 관계에서의 동의, 올바른 성 인식과 성평등까지 다채롭고 포괄적인 내용을 교육합니다. 남성 청소년 대상의 맞춤 성교육, 그리고 성교육에 관심 있는 남성 양육자·교육자를 위한 교육 프로그램도 준비되어 있습니다.
폭력 예방교육: 한국양성평등교육진흥원에서 위촉한 폭력예방통합교육 전문강사로서 학교, 군대, 시민사회단체, 기업 등에서 폭력 예방교육과 성인지감수성 교육을 진행합니다. 강의식 교육뿐 아니라 세부 주제에 따라 워크숍을 병행하며 교육 참여자들과 함께 안전하고 성평등한 공동체의 모습을 모색합니다.
남성과 함께하는 페미니즘 교육: 페미니즘 입문, 남성성과 남성문화에 대한 이해, 남성으로서 페미니즘을 실천하는 방법 등 남성성과 페미니즘을 연결할 수 있는 다양한 주제와 방식의 교육을 진행합니다. 페미니즘을 이해하고 실천하고 싶은 남성부터 가부장적 남성성의 대안을 고민하는 이들까지 모두 환영합니다.

'남성'도 중요하고 '페미니즘'도 중요하지만, 남성과 함께하는 페미니즘의 핵심은 '함께하는'이라고 생각합니다. 더 나은 남성이 되고자 하는 남성들, 남성과 함께 살아가기를 포기하지 않는 사람들과 교육 현장에서 만나기를 기대합니다. 감사합니다.

일러스트 slowus

and Reproductive Health and Right라고 한다. 다시 말해, SRHR는 "모든 개인이 전 생애에 걸쳐서 폭력·강압·차별·낙인 없이 자신의 몸과 성·재생산에 관련하여 건강과 자율성을 보장받고 존중받으며, 관련 시설·재화·정보 일체에 대해서 방해받지 않고 접근할 권리, 그리고 이에 대해 자유롭고 책임 있는 결정과 선택을 할 권리"다.[5] SRHR에 대한 논의는, 앞서 살펴본 것처럼 사실상 개인에게 모든 부담을 떠넘겨 온 재생산에 대한 권리를 사회적 권리로 드러내고 보장하기 위한 시도다.

혹자는 이런 거 몰라도 수백 년, 수천 년 동안 알아서 잘 낳고 잘 살아왔다고, 그런 논의가 왜 필요하냐고 반문할지 모른다. 긴말할 것 없이 과거의 모성 사망 지표를 한번 보라고 답하고 싶다. "현대 의학의 손길이 없었던 시절"까지 약 7퍼센트의 산모가 출산 중 사망했다.[6] 여러 역사서에도 여성들이 출산하다 사망했다는 이야기는 끊임없이 나온다. 역사서에 등장하지 않는 여성들의 삶은 더 순탄하지 않았을 것이다. 한국의 모성사망비는 2022년 기준 8.4명으로 OECD 회원국 평균인 11명보다 낮지만, 1995년에는 그 2배인 20명에 달했다. 모성사망비에 피임 기구

모성사망비: 출생아 10만 명당 모성사망자 수. 모성사망자에는 임신 또는 분만 도중 사망한 여성, 분만 후 산욕열 등으로 사망한 여성이 포함된다.

의 보급이나 의료 기술 발달만 영향을 주는 것은 아니다. 성차별적인 사회문화는 여성의 재생산 건강과 직결되어 있다. UNDP(유엔개발계획)에서 성불평등지수gender inequality index에 모성사망비를 비롯한 재생산 건강 지표를 포함하는 것은 그 때문이다. 즉, 과거에도 알아서 잘 낳고 잘 살았던 적은 없다. SRHR에 대한 사람들의 관심과 변화를 위한 노력이 있었기에 모성사망비 등의 지표가 현재의 수준이 된 것이다. 하지만 여전히 개선되어야 할 문제가 많이 남아 있다. 남성들의 무관심이 대표적이다.

콘돔을 잘 착용하는 것이 첫걸음

채용 시 성차별과 성별임금격차 등의 구조적 성차별, 불법촬영과 성희롱을 비롯한 성폭력 문제에 대해서도 남성들의 관심은 크지 않지만, 임신·출산·육아에 대한 무관심은 그 정도가 지나치다. 잘 모르는 것을 넘어 관심을 둘 여지가 없다고 생각하거나, 심지어는 관심을 두면 안 된다고 생각하는 경우도 있는 듯하다. 어떤 맥락에서 나온 생각인지는 이해한다. 임신과 출산이 여성의 몸에서 이루어지고, 육아 역시 오랫동안 여성의 역할로 여겨져 왔기 때문이리라. 그러나

무성생식을 하는 게 아닌 이상, 성과 재생산이 특정 성별의 문제일 수는 없다. 더구나 이런 무관심은 또 다른 문제들로 이어진다.

당장 떠올릴 수 있는 문제로 저출생이 있다. 심지어 해외에서도 입을 모아 한국의 심각한 저출생 문제를 이야기한다. SRHR에 대한 남성의 무관심이 저출생 문제와 어떻게 연결된다는 걸까? 한국 남성의 콘돔 사용률을 생각해 보자. 뜬금없는가? 그러나 콘돔 사용은 예상하지 못한 임신과 성매개 감염을 예방하는 도구인 동시에 성·재생산 건강과 권리에 대한 최소한의 인식, 상대방과의 관계에 대한 존중을 보여준다. 질병관리본부의 2015년 보고서에 따르면, 18~69세 남성 중 성관계 시 콘돔을 "항상 사용"하는 비율은 11.5퍼센트, "자주 사용"하는 비율은 9.8퍼센트에 불과했다.[7] 2023년 국립보건연구원 발표에 따르면, 15~49세 여성의 피임 실천에서도 콘돔의 비율은 54퍼센트 수준이었다. 더 큰 문제는 피임 성공률이 낮아 더 이상 피임 방법으로 이야기하지 않는 질외사정의 비율이 29.4퍼센트라는 것이다.[8]

자궁경부암의 원인이 되는 HPV 등 각종 성매개 감염을 예방할 수 있거니와 비혼 여성 대다수가 경험하는 원하지

가장 불공정한 노동

않는 임신에 대한 불안을 줄일 수 있는 가장 쉽고 확실한 방법이 콘돔 사용이다. 그런데 그것조차 제대로 실천하지 않는 남성을 믿을 만한 파트너라고 이야기할 수 있을까? 진정 상대의 몸과 재생산에 대한 책임의 무게를 아는 사람이라면, "내가 다 책임질게"라는 말 대신 행동이 앞서야 한다. 다시 말해, 콘돔 사용은 남성이 SRHR에 대한 관심을 보여줄 수 있는 최소한의 실천이며, 한국의 저조한 콘돔 사용률은 저출생 문제와도 결코 무관하지 않다.

어떤 세계를 살고 있나요

콘돔을 잘 착용하는 것을 출발선 삼아 조금씩 관심을 넓혀보자. 계속 언급되는 '저출생'이라는 용어가 어떻게 느껴지는가? 뭔가 어색하다면 그만큼 이 문제에 무관심했다는 의미다. 다시 말하지만, 지금까지 한국 사회는 재생산을 오롯이 여성의 일, 여성의 문제로만 취급했다. 같은 맥락에서 '저출산'이라는 용어는 신생아 수가 줄어드는 현상에 대해 여성의 경력단절, 저조한 육아휴직 사용률 등 다른 사회구조적 원인보다 여성의 '출산율'만을 부각하며, 임신과 출산이 마치 여성 개인의 선택에 달린 문제인 것처럼 보이게 하는 문제가 있다. 이러한 왜곡된 시각을 바로잡기 위해 저출생이라는 용어가 사용되기 시작했다.

'낙태'나 '유모차'는 어떤가? 한국은 1953년부터 '낙태'를 불법으로 규정하며 "1년 이하의 징역 또는 1만 환 이하의 벌금"으로 처벌했다. 처벌 대상은 여성뿐이었다. 임신하려면 분명 남성과 함께였을 텐데, '낙태죄' 처벌을 다룬 형법 제269조 1항에서 남성은 언급조차 되지 않았다. 수많은 페미니스트가 이처럼 성차별적인 '낙태죄' 폐지를 요구하며 투쟁한 결과, 2019년 헌법불합치라는 결과를 이끌어 냈고, '낙태'는 2021년부터 법정 명령에 따라 비범죄화됐다. 법적 변화와 더불어 여성의 죄책감과 낙인감을 강화하는 '낙태'라는 용어 대신, '임신중지'라는 용어를 사용하며 여성의 재생산 권리에 대한 인식에도 변화가 생기고 있다. 유독 남성 커뮤니티의 반발이 많았던, '유모차' 대신 '유아차'라는 용어를 사용하는 변화도 마찬가지다. 여성이 오롯이 육아의 부담을 지녀야 한다고 생각하는 게 아니라면 '유모차', 즉 어머니의 전용 수레가 아니라 유아를 사랑하는 모두가 사용하는 '유아차'로 부르는 게 옳다는 의미다.

이는 단지 용어 하나하나의

1995년 "200만 원 이하의 벌금"으로 변경.

문제가 아니라 세계관의 문제다. 용어 하나 바꾼다고 저절로 문제가 나아지지는 않겠지만, 그것조차 바꾸지 않는다면 다른 변화는 더욱 더딜 게 분명하다. 변화하는 세상은 이제 남성들을 호출하고 있다. 만약 조금이라도 성·재생산 건강과 권리에 관심이 있다면, 인류의 번영이나 생존 같은 거창한 문제는 차치하더라도 자신을 닮은 떡두꺼비 같은 자녀를 기대한다면, 이제는 남성들도 그 호출에 응해야 한다. 오늘을 함께 살아가는 사람이 되고 싶은가? 어렵지 않다. 모성애나 애국심으로만 이야기되었던 재생산을 당신의 일로 여기며 함께 변화를 만들어 가자.

"당신의 엄마는 어떤 사람인가요?"

모성신화에 가려진 존재

게임은 강의에서 늘 잘 먹히는 소재다. 그중에서도 〈리그 오브 레전드〉는 워낙 유명해서 다양한 사례로 활용되는데, 경쟁과 전투라는 게임 목적을 확인하고자 "이게 뭐 하는 게임이죠?" 하고 물으면 의도와 달리 곧잘 "부모님 안부 묻는 게임이요"라는 대답이 나온다. 해당 게임 유저들이 패드립 으로 서로의 부모를 욕하는 데에서 나온 이야기다. 혀를 차고 싶겠지만, 사실 인간이 서로를 욕하고 탓하는 것이야 늘 있었던 일 아닌가. 하지만 흔히 쓰이는 욕들에 부모, 특히 '엄마'가 자주 등장하는 현상은 생각해 볼 만하다.

패륜과 애드립의 합성어로, 부모를 비롯한 가족을 조롱하거나 농담거리로 삼는 모욕적 표현을 뜻한다.

욕의 목적과 의도를 생각했을 때, 많은 욕이 직간접적으로 엄마를 언급한다는 건 역설적으로 그만큼 많은 사람에게 엄마라는 존재가 소중하다는 이야기일 것이다. 비슷한 맥락에서 엄마를 소재로 한 작품도 참 많다. 시나 소설은 물론이고, 특히 영화와 드라마에서 엄마는 '치트키' 같은 존재다. 엄마가 등장하면 눈물을 훔칠 손수건은 필수다. 아낌없이 주는 엄마, 집에서는 늘 양보하면서도 밖에서는 강인한 엄마, 지겨운 잔소리마저 그리운 엄마…. 대단한 효심은 아니더라도 자신을 품고 돌본 존재를 향한 사랑과 감사는 어쩌면 당연할지 모른다. 게다가 한국에서는 머리카락, 손발톱까지 신체의 모든 게 부모에게 물려받은 소중한 것이니 함부로 대해선 안 된다고 가르치지 않나? 이렇게 본능적인 사랑과 감사에 유교 사상까지 더해져 엄마는 이름만 불러도 눈물이 날 것 같은 존재가 되었다.

엄마라는 존재에 대한 세간의 믿음과 기대가 마냥 곱게 들리지 않게 된 계기는 함께 놀고 마시던 친구들이 하나둘 엄마가 된 것이었다. 분명 불과 몇 년 전까지만 해도 같이 철없이 놀던 친구들이었는데, 이제는 메신저 프로필 사진에 자신을 빼닮은 아기 사진을 걸어두고 있다. 그 변화가 신기하고 놀랍지만, 그들의 경험과 다양한 고민을 곁에서 들은 덕분에 내가 알지 못했던 세상을 알게 됐다. 배가 불러오기 시작했지만 출퇴근길 지하철에서 앉을 자리를 찾지 못해 고생했다는 이야기부터, 직장에서 육아휴직을 쓰는 데 눈치가 보인다는 이야기, 출산 과정에서 자연분만과 제왕절개와 무통주사에 대해 산모보다 다른 이들이 더 말을 얹는다는 이야기까지. 아이를 낳고 난 이후에는 누군가의 엄마로 불리는 게 신기하기도 하지만, 한편으로 자신의 이름이 사라지는 것 같아 씁쓸하다는 친구도 있었다. 하지만 이런 말들은 세상에 들리지 않았고, 그저 친구들 사이에서만 맴돌다 사라졌다. 왜냐면, 엄마니까.

멸시와 숭배 사이에서 줄타기하는 엄마들

친구들은 가사와 육아에 치여 수면 부족으로 눈이 퀭해지면서도 육아휴직을 쓰려면 눈치를 봐야 했다. 자녀가 있다고 해서 직원의 사정을 봐주는 회사는 많지 않지만, 자녀가 아플 때 전화를 받는 쪽은 늘 엄마다. 라면이라도 끓여주는 아빠는 위트 있고 가정적이라는 말을 듣지만, 어쩌다 한 번 라면을 끓여주는 엄마는 게으르고 모진 엄마가 되는 세상이다. 게다가 어떤 사람들은 엄마를 '맘충'이라는, 사람이 아닌 존재로 부르지 않던가. 친구들의 복잡한 경험과 사정은 '엄마'라는 이름 앞에서 너무나 쉽게 사라지고, 모든 고난과 역경은 모성이라는 이름으로 너무 당연히 감내해야 할 것으로 여겨지곤 했다. 엄마를 멸시하고 또 동시에 숭배하는 사회에서 복잡다단한 인간으로 살아가기란 너무 고단해 안 그래도 힘든 엄마 노릇에서 미끄러지는 이들이 많았다.

각종 육아 예능 방송은 엄마에 대한 잘못된 인식을 부채질한다. 귀여운 아이들을 전면에 내세우는 육아 예능에는 럭셔리한 육아용품과 아름다운 모습만이 있을 뿐, 밀린 집안일과 독박육아의 괴로움으로 고통받는 모습은 거의 그려지지 않는다. 간혹 어려움이 있더라도 전문가의 손길을 거쳐 해소될 일시적 문제일 뿐이다. 자연분만이, 모유수유가 좋다는 속없는 이야기들은 돌고 돌아 발달이 더딘, 기침이 잦은 아이의 엄마들에게 죄책감을 안긴다. 육아 예능에서 완벽한 엄마의 모습을 강조할수록, 귀감이 되는 훈육법으로 문제를 고친 어린이가 등장할수록 애꿎은 친구들의 얼굴에 긴 그늘이 진다. 무성생식이 가능한 인간은 없고, 아이를 키우려면 온 마을이 필요하다는 속담도 있지만, 여전히 여성에게 더 많은 가사와 돌봄 역할이 강요되는 사회에서 양육에 대한 돌팔매질은 유난히 자주 여성만을 향한다.

그뿐일까? 한국 사회는 여성의 자기결정권을 존중할 줄 모르고, 정부는 '가임기 여성 지도'라는 해괴망칙한 자료를 내놓으며 수많은 이들을 경악하게 한 전적이 있다. 그 와중에 규모와 예산이 크지 않은 여성가족부를 약화시키고 '인구가족양성평등본부'라는 정체 모를 부서로 격하시키려는 시도가 있기도 했다. 부끄러운 과거를 개선하고자 하는 철학과 정책, 의지가 없는 사회에서 모성에 대한 예찬("어머니는 위대해!")은 너무 쉽게 다른 엄마를 향한 당위의 말("그 위대한 엄마가 이것도 못 해?")이 되었기에, 이 세상에서 모성애는 값싸고 손쉽게 육아와 돌봄을 떠맡기는 수단일 뿐이라는 의심을 할 수밖에 없다. 천진무구하게 모성의 아름다움을 노래하기에는 현실의 엄마들이 외롭고 고단하다. 숭배와 멸시 사이에서 줄타기하지 않고 엄마를 사랑할 수는 없을까?

엄마에게 이름을 돌려주자

엄마들이 이름을 되찾는 과정이 필요하다. 한 행사에서 결혼한 여성들의 삶을 탐구하는 모임, '부너미' 활동을 하고 있는 동료 강사 이성경 선생님을 만났다. 청소년을 위한 행사라 선생님의 자녀가 함께 참석했는데, 열심히 회의하는 선생님의 모습을 보는 자녀의 눈에 존경과 사랑이 가득했다. 문득 궁금했다. 그렇다면 내가 존경하고 애정해 마지않는 우리 엄마는 대체 어떤 사람이고 어떤 삶을 살아왔을까? 직장인으로서 엄마는 어떤 사람이었을까? 엄마의 친구들에게 엄마는 어떤 모습일까? 학창 시절, 엄마는 어떤 꿈을 꿨을까? 지금의 엄마는 어떤 희로애락을 가지고 살아갈까? 엄마는 가장 가깝다고 생각하면서도 모르는 게 참 많은 존재였다.

어린 시절, 출근하는 엄마를 보고 울고불고 떼를 썼던 기억이 남아 있다. 꽤 오랜 시간 동안 그런 기억을 소환하며 나의 결핍을 정당화하곤 했는데, 다 큰 '금쪽이'가 된 지금, 애먼 엄마에게 죄책감 불러일으키기를 멈추고 세상에 나를 초대한 또 다른 인간으로 바라보려고 한다. 그는 돌봄에 능하고 다른 사람을 애정 어리게 대하지만, 요리하는 것에 큰 관심이 있지 않고, 그 대신 많은 소설을 탐독하며, 자신의 직업적 성취에 자부심을 가진 사람이다. 때로 정치적인 의견 차이로 티격태격할 때도 있지만, 그럼에도 자신이 살아온 환경에서 새로운 세대를 이해하기 위해 노력하는 모습은 꽤나

본받을 만한 어른의 태도라고 느낀다.

엄마를 다르게 대하려는 이런 시도가 아직은 낯설고 어색하지만, 한편으로는 기대된다. 사회가 덧씌운 엄마라는 이름의 기대와 역할, 부담을 내려놓고 꿈과 욕망, 역사가 있는 한 사람을 만나고 싶다. 쉽지 않은 일일 테지만, 정현종 시인의 말마따나 사람이 온다는 건 그 한 사람의 일생이 오는 것이니까. 너무 위대하지도, 아주 당연하지도 않은 주변 모든 엄마들이 제 이름을 찾을 수 있도록, 다시 묻는다.

"당신의 엄마는 어떤 사람인가요?"

남성들의 유언 1위 "괜찮아, 안 죽어"

스스로를 돌보지 않는 남성들

함께하는 사람이 좋고, 이야기는 즐거우며, 음식도 더할 나위 없이 맛있을 때 흥을 돋우는 술이 빠질 수 없다. 한잔씩 술이 들어갈수록 취기와 분위기는 달아오르고, 어느 순간부터 사람이 술을 마시는 게 아닌 술이 술을 마시는 지경에 이르기도 한다. 임사체험 같은 블랙아웃 이후, '역시 과음의 종착지는 지옥이구나' 싶은 숙취가 몰려온다. '다시는 술을 입에 대지 않으리' 하는 아침의 다짐은 저녁이 되면 일몰과 함께 지평선 너머로 사라지고, 뜨끈한 국물은 또다시 해장술을 부른다.

그다지 술을 좋아하거나 자주 마시는 편이 아닌데도

1년에 한두 번씩 꼭 이런 실수를 한다. 게다가 주변에는 나와 같은 망각의 동물투성이라, 그들과 함께 쓴 술자리 흑역사만 모아도 『조선왕조실록』 한 권이 뚝딱이다. 한번은 술자리에서 이런 질문을 던졌다. "우리는 왜 자기학대를 반복할까?" 가만히 서 있는 전봇대와 힘겨루기를 하고, 헤어진 애인에게 전화를 걸고, 기어이 먹었던 음식을 확인하는 것으로 끝을 맺는 이 과정. '자기학대'라 부르기에 모자람이 없다. 이야기의 시작은 폭음이었지만, 문제는 폭음만이 아니다. 그 외에도 흡연과 폭식, 과로, 스트레스 등 누구에게나 저마다의 자기학대가 있다.

더 자주, 더 많이 술을 마시는 남성들

폭음하는 모임은 남성이 과반수 이상이거나 오직 남성들로만 구성될 때가 많다. 나의 편협한 인간관계에 따른 편견인가 싶어서 주변 여성 지인들에게 물어봐도, 여성들 사이에서 이토록 자기 파괴적인 폭음을 즐기는 모임은 그다지 많지 않다. 통계를 살펴보면 이러한 경향이 명확하게 나타난다. 질병관리청 통계에 따르면, 2022년 기준 19세 이상 남성의 67.6퍼센트가 "한 달에 1회 이상" 음주했다고 응답했고,

여성은 47.5퍼센트가 같은 응답을 했다. 폭음을 기준으로 하면 성별 간 격차가 커진다. "최근 1년 동안 월 1회 이상 한 번의 술자리에서 남자의 경우 7잔(또는 맥주 5캔) 이상, 여자의 경우 5잔(또는 맥주 3캔) 이상" 폭음한 비율은 남성 48.8퍼센트, 여성 25.9퍼센트로 남성이 2배 가까이 높았다. 그러니까, 꼭 남성들만 폭음하는 것은 아니지만, 남성들이 더 자주, 더 많이 술을 마셨다.[9]

술뿐만이 아니다. 남성의 자기 파괴적 경향은 다른 통계에서도 드러난다. 같은 자료에서 19세 이상 남성의 흡연율은 30퍼센트로 여성(5퍼센트)보다 6배에 달하며, 비만율(비만 유병률)은 남성이 47.7퍼센트인 반면, 여성은 25.7퍼센트다. 게다가 상대적으로 더 많은 남성이 스스로 목숨을 끊는다. 통계청에 따르면, 2023년 남성 자살자 수는 총 9,747명으로 여성(4,231명)의 2배가 넘었다.[10] 놀랍게도 이런 경향은 전 세계에서 유사하게 나타난다.

온라인 커뮤니티에 떠도는 '남자들이 가장 많이 하는 유언'이라는 유머 게시물이 있다. 남자들이 많이 하는 유언 1위가 "괜찮아, 안 죽어"이고, 2위는 "설마 죽기야 하겠냐?"라는 내용이다. 수많은 남성이 객기를 부리며 위험을 무릅쓰다가 죽거나 다치는 현실을 반영한 뼈아픈 농담이다. 남성들의 자기파괴적인 경향이 그저 남성호르몬 때문일까? 그 배경에는 남성연대의 위계질서, 마초적 남성성에 대한 선망 등 여러 사회문화적 원인이 결부되어 있다. 그리고 무엇보다 '자기돌봄'에 미숙한 남성문화가 있다.

남성들에게 낯설고 어색한 자기돌봄

흔히 '돌봄' 하면 아이 또는 노인에 대한 돌봄을 떠올리지만, 스스로를 돌보는 '자기돌봄' 역시 중요하다. 하지만 많은 남성에게 자기계발은 익숙할지언정 여전히 자기돌봄은 낯설다. WHO에서는 "자기돌봄이란 의료진의 지원 유무와 무관하게 개인과 가족 및 지역사회가 건강을 증진하고, 질병을 예방하며, 건강을 유지하고, 질병과 장애에 대처할 수 있는 능력(Self-care is the ability of individuals, families and communities to promote health, prevent disease, maintain health, and cope with illness and disability with or without the support of a health worker)"이라고 정의한다.[11] 또한 WHO는 자기돌봄을 보건의료의 가장 기본적 단계이자, 모든 단계에서 실시되는 주요 행위로 바라본다. 복잡해 보이지만, 결국 자신의 건강을 충분히 잘 챙기는 능력이라는 것이다.

앞서 살펴본 폭음 비율, 흡연율 등에서 알 수 있듯, 남성들은 자기돌봄에 취약하다. 더 나아가 남성문화는 종종 자괴 파괴적이기까지 하다. 이는 남성들의 수명을 단축하고, 더 잦은 병치레와 직결될 뿐만 아니라, 각종 사고, 폭력, 범죄와 의료비용 증가 등 여러 사회문제로 이어진다. 미국 남성건강네트워크Men's Health Network의 연구에 따르면, 남성들의 이른 사망과 높은 유병률로 인해 미국 정부에서 지출하는 비용이 매년 약 1,420억 달러에 달한다고 한다.[12]

자기돌봄은 사실 건강한 생활을 이루는 기초적인 요소들이다. 건강하고 균형 있는 식사, 주기적인 운동, 정기적인 건강검진, 술과 담배를 멀리하는 생활 습관 등은 '신체돌봄'에 포함된다. '마음돌봄' 역시 중요하다. 한국 사회에서 남성들은 감정 표현에 인색하고, 본인의 어려움을 주변에 털어놓지 못하는 경우가 많다. 앞서 살펴보았듯 자살자 수는 남성이 여성보다 2배 넘게 많은 데 반해, 2022년 기준 정신건강 검사에서 "중간정도 우울증 의심"과 "심한 우울증 의심"에 해당하는 남성 비율은 3.6퍼센트와 0.3퍼센트로 각각 6퍼센트와 0.5퍼센트였던 여성 비율보다 낮았다.[13] 이 간극은 많은 남성이 전문 기관으로부터 도움받기를 꺼리는 현실을 잘 보여준다. 자신을 좀먹는 왜곡된 남성성을 벗어던지고 희로애락을 자유롭게 표현하며, 주변에 고민을 털어놓거나 심리상담 혹은 정신과 진료를 마다하지 않는 것이 마음돌봄에 큰 도움이 된다.

주변 환경을 청결하게 가꾸고 자신에게 필요한 음식을 잘 대접하는 '가사돌봄' 역시 자기돌봄의 일환이다. 최근 여러 사회복지관에서 노년 남성을 대상으로 밥솥 사용법, 세탁기 돌리는 법 등 가사노동을 교육하는 프로그램이 생기고 있다. 노년 세대 남성들이 가사노동을 등한시하던 문화로 인해 여성 배우자가 아프거나 먼저 사망하면 스스로를 돌보지 못하며 건강이 급격하게 악화되는 경우가 늘면서 생긴 변화다. 그 외에도 인간관계를 돌보는 일부터 지속 가능한 환경을 위해 생태를 돌보는 일까지, 자기돌봄은 개인의 생활 영역에 국한되지 않고 더 다양하게 뻗어나갈 수 있다.

남성의 자기돌봄을 위한 제도적 변화

'자기'돌봄이라는 용어 탓에 오해하기 쉽지만, 자기돌봄은 그저 개인만의 문제가 아니다. 영국에서는 2018년부터 '외로움부Ministry of Loneliness'를 설립하여 외로움 문제에 대응하는 국가적인 전략을 세웠다. 사회 구성원의 감정과 경험을 개인의 몫으로만 치부하지 않는 사회라니 얼마나 든든한가? 성별고정관념의 영향으로 자기돌봄에 취약한 남성들의 변화를 도모하는 프로그램도 늘고 있다 2018년 WHO 유럽에서는 성평등 개선의 일환으로 '남성 건강 전략men's health strategy'을 채택함으로써 남성의 자기돌봄, 육아, 가정 내 돌봄, 폭력예방, 성·재생산 건강에 대한 남성의 참여를 증진하는 구조와 정책을 펼쳤다.[14] 캐나다에서는 자신의 취약함을 잘 드러내지 못하는 남성들을 위한 헤즈업가이즈HeadsUpGuys라는 남성 전문 우울증 관리 웹사이트가 인기를 끌었다.[15] 국내에서도 서울1인가구포털(현재 '씽글벙글서울')을 통해 각종 자기돌봄 프로그램이 운영된 바 있고, 남성과 함께하는 페미니즘에서 기획하고 진행한 교육 프로그램 〈신-남성 연애스쿨〉에서도 돌봄을 주제로 교육을 진행했다.

당신은 어떤가? 몸 어딘가가 불편하거나, 마음 한구석에 누구에게 털어놓지 못한 고민이 있지는 않은가? 그저 술 한잔으로 털어버리거나, 인생이 원래 그런 거라며 넘겨버리지는 않았는가? 그저 당연한 일로만 여겼던 당신의 개인적인 고민들도 페미니즘을 만나면 우리의 고민이 될 수 있다. 세간의 오해와 달리 페미니즘은 남성의 건강에도 이롭다. 남성의 더 나은 삶과 생명 연장의 꿈, 그 답은 멀리 있지 않다. 남성들에게도 자기돌봄이, 그리고 페미니즘이 필요하다.

축구공과 하이힐

몸 규범에서 벗어나 내 몸 긍정하기

달력을 볼 때마다 "아니 벌써?"라는 말이 나온다면, 건강검진을 받을 나이가 됐다는 뜻이라 했던가? 시간이라는 추상적인 개념에 연연하지 않고 싶지만, 나이를 먹을수록 무거워지는 몸은 누구도 시간을 비껴갈 수 없음을 상기시킨다. 운동이라고는 사회운동social movement만으로 충분하다며 변명하던 지난날을 뒤로하고, 살기 위해 신체운동exercise을 본격적으로 해보겠다며 의욕을 앞세우다가 자잘한 부상에 시달리고 있다. 역시 운동이 체질에 맞지 않는 것인지 고민하며 동네 한의원에서 침을 맞았다. 한의사 선생님은 나의 사연을 듣고, 본인도 요새 풋살에 빠져 온몸이 부상투성이라며 이내

반짝이는 눈으로 내게 풋살을 전도했다.

내 주변에도 운동에 빠진 사람들이, 그중에서도 여성 친구들이 늘고 있다. 주말이면 풋살 팀이나 달리기 크루에 나가 연락이 잘 안되는 친구, 운동을 더 잘하고 싶어서 개인 레슨을 받는다는 친구, 심지어 운동하다 다쳤다며 깁스를 하고 등장해 주변 사람들을 놀라게 한 친구까지 있었다. 그 친구는 깁스를 한 채로 할 수 있는 다른 운동을 찾아 헤매는 열정을 보이며 사람들을 또다시 놀라게 했다.

사실 좀 이상하다고 생각했다. 나는 학창 시절 공을 차러 가자며 친구들이 우르르 몰려서 나갈 때도 등 떠밀리듯 따라나섰던지라, 부상 투혼까지 감수하며 운동을 하는 이 여성들의 마음을 도무지 이해할 수 없었다. 이들은 축구하는 여성들이 나오는 예능 프로그램 〈골 때리는 그녀들〉이 운동을 시작한 계기였다고 했다. 여성들이 뛰어다니고 소리 지르며 운동장을 활보하는 모습에 가슴이 뛰었다는 이야기를 듣고 나서야 이들의 마음이 조금은 이해되기 시작했다.

기능하는 몸과 보이는 몸

성차별은 옛날 일이라고 말하는 사람들이 많지만, 예

나 지금이나 학교 운동장은 여전히 남학생들의 공간이다. “왜 운동장에 여학생들은 보이지 않을까?”라는 질문에는 “여자애들은 운동 싫어하니까요”라는 손쉬운 대답이 돌아오곤 한다. 그러나 여성이라는 이유만으로 운동을 싫어할 리는 없다. 우리는 그 이유를 한 걸음 더 들어가 물어야 한다. 대체 왜 여학생들이 운동과 거리를 두게 됐을까?

'교복 디자인의 차이'는 조금 더 설득력 있는 설명이다. 여전히 많은 학교에서 여학생은 치마, 남학생은 바지 교복을 입는다. 단지 겉으로 드러나는 차이만 영향을 주는 것은 아니다. 혹시 치마 속이 보이지 않을까 하는 염려 역시 여학생들의 행동을 제약하는 한 요소다. 상의는 또 어떤가? 유행에 따라 조금씩은 다르겠지만, 내가 중고등학교에 다니던 때 여학생들이 입던 교복은 소매가 짧고 통이 좁아서 불편을 호소하는 친구들이 많았다. 일부러 교복을 줄인 경우가 아니어도, 교복 업체들이 '슬림'하고 굴곡진 핏을 더 예쁘고 세련된 디자인이라며 홍보했으므로 다른 선택지가 많지 않았다. 다행히 요즘 교복은 편안한 생활복 디자인으로 많이 달라지는 추세이고, 여학생들도 바지 교복을 입을 수 있게 되었다.

문제는 '보이는 몸'을 향한 사람들의 기대는 크게 달

라지지 않았다는 것이다. 미디어에 등장하는 수많은 연예인, 특히 청소년들에게 큰 영향을 주는 아이돌 가수를 예로 들어보자. 이른바 '승희존'이라고 들어본 적이 있는가? 방송국 건물 계단 벽면과 난간 사이의 A4 용지 크기만 한 좁은 공간에 걸그룹 오마이걸 멤버 승희가 들어가 찍은 사진이 화제가 되면서, 아이돌 가수들 사이에서는 그곳에서 사진을 찍는 게 일종의 관례가 됐다. 무대에서 빈혈 증세를 보이며 쓰러질 정도로, 또 무월경 증상이 흔할 만큼 여성 아이돌 가수들이 극단적인 다이어트를 한다는 건 공공연한 사실이다. 이는 '보이는 몸'에 대한 한국 사회의 집착에 가까운 기대를 보여준다. 그리고 인간은 사회적 동물인지라 누구도 사회적 기대로부터 자유롭기 쉽지 않다. 실제로 질병관리청에서 발표한 자료를 살펴보면, 2021년 기준 19~29세 여성 가운데 15.1퍼센트가 저체중 상태였다. 또 이들 가운데 현재 저체중 혹은 정상체중 상태면서도 "체중감소"를 시도한 비율은 46퍼센트나 되었다.[16]

남성의 몸과 여성의 몸에 대한 상반된 사회적 기대는 어릴 때부터 차곡차곡 학습된다. 학창 시절, 반마다 꼭 한 명씩은 힘이 세거나 성격이 활발하다는 이유로 '조폭 마누라'

라는 별명이 붙은 여학생이 있었다. 키가 조금이라도 크거나 몸집이 큰 여학생들은 남학생들과 비교받으며 놀림거리가 됐고, 그들의 어깨는 자주 움츠러들었다. 성인이 되면 타인의 시선에서 자유로워지지 않을까 기대했지만, 그 차이는 주민등록증 두께만도 못했다. 대학생 시절, 넓은 캠퍼스에는 산 중턱에 있는 건물이 많아서 지각을 면하려면 재빠른 걸음이 필수였다. 헐레벌떡 계단을 오르내리는 사람 중에는 아찔하게 높은 하이힐을 신고 계단을 오르내리는 여학생들이 있었고, 그 모습은 서커스처럼 신기하면서도 위태로웠다.

학생 신분에서 벗어나 생계유지에 힘쓰는 지금도 사정은 비슷하다. 교육을 하러 가는 아침이면 부랴부랴 준비하느라 마음이 늘 촉박하다. 준비물을 잘 챙겼는지, 강의안은 충분히 숙지했는지 신경 쓸 시간도 부족하다. 그러다 종종 카메라 앞에 서야 하거나, 중요한 자리일 때면 뭐라도 얼굴에 찍어 바르고, 머리 스타일에도 잔재주를 부리느라 평소보다 훨씬 많은 시간이 필요했다. 내게는 종종 있는 일이지만, 주변 여성 동료들에게는 매일같이 반복되는 일상일 것이다.

오랫동안 여러 문화권에서 수많은 여성이 발의 변형을 감수하며 전족을 했고, 목이 부러질 만큼 무거운 가발을 썼다. 이에 대해 문제를 제기하면, 그저 매력적으로 보이기 위한 여성들의 자연스러운 욕망이라는 반론이 나오곤 한다. 하지만 수컷 청둥오리나 수컷 공작과 비교해 인간 남성들은 아무리 봐도 꾸밈에 무관심하고 서투르다. 그러므로 꾸밈을 둘러싼 이 차이는 자연스러운 욕망보다는 사회문화적 불평등의 결과에 가깝다. 멀리 갈 것 없이 교복 치마, 화장, 하이힐 등 앞서 언급한 사례들이 이야기하는 바도 마찬가지다. 남성에게는 '기능하는 몸', 여성에게는 '보이는 몸'을 기대하는 차별적인 시선이 여성들에게 무언의 압박이자 강력한 규범으로 작용하는 것이다.

변화의 롤모델이 필요하다

'몸 규범'은 개개인의 선호, 혹은 사회의 합리적이고 효율적인 선택으로 포장되어 왔다. 결국 남성들 역시 사회적 기대에 부응하는, 기능하는 몸을 유지하기 쉽지 않으므로 성별과 무관하게 모두가 다 힘들지 않겠냐는 이야기도 있다. 하지만 과연 그럴까? 기능하는 몸은 그 자체로 건강 유지와 직결되거니와, 권력과 여러 자원을 획득하게 하는 데 여러모로 유리하다. 위기 상황에서 손쉽게 벗어나게 하고, 상대의 폭력에 대응하거나 때로는 기존의 권력을 전복시키는 수단이 된다. 반면 보이는 몸은, 건강 유지는커녕 오히려 위기 상황에서 취약해지기 쉽다. 다시 말해, 남성과 여성에게 다르게 적용되는 몸 규범은 남성이 자원을 독점하는 가부장제 질서와 긴밀하게 연결되어 있다.

'탈코르셋脫corset'과 '보디 포지티브body positive' 운동은 불평등한 몸 규범에 문제를 제기하고, 변화를 만들고자 하는 페미니스트들의 목소리에서 시작되었다. 이런 흐름 속에서 여성들은 거추장스러웠던 머리를 마음 편히 짧게 자르고, 화장하는 데 드는 시간과 비용을 줄일 수 있었다. 하이힐 대신 축구화를 신으며 보이는 몸보다 건강하게 잘 기능하는 몸을 만드는 데 시간을 쓰기도 한다. 그런데 탈코르셋 운동에 이상할 정도로 반감을 드러내는 남성들이 있다. 몸 규범이 가부장적 사회에서 여성을 통제하는 도구였음을 은연중에 느끼기 때문일 것이다. 한편으로는 페미니즘 운동을 접하고 해방감을 경험하는 여성들을 향해 일종의 시기와 질투를 느끼는 것일지도 모른다.

페미니스트들이 만들어 낸 변화에 남성들도 함께할 수 있을까? 여성들과 비슷한 수준은 아니라 할지라도, 남성들 역시 몸 규범에 시달린다. 남자 중학생들에게 물어보면 가장 듣기 싫은 말 1위로 꼽는 것이 바로 "남자 키가 그게 뭐냐?"라는 말이다. 인스타그램을 둘러보면 알고리즘을 따라 나타나는 여러 게시물 사이로 종종 근육질의 젊은 남성이 침을 튀겨가며 근력 운동을 종용하는 영상이 보인다. 댓글창에는 근육질의 남성들을 이른바 상남자라고 칭송하며 선망하는 남성투성이다. 단지 부러움을 표현하는 데 그치지 않고, 부작용이 있을지도 모르는 약물의 힘을 빌려서까지 몸을 키우려는 남성들도 많다.

교육 현장에서 만나는 많은 남성이 머리를 한 번도 길게 기른 적이 없다고 말한다. 나부터도 그랬다. 염색은커녕 머리를 기르겠다는 생각조차 해본 적 없이 꼬박꼬박 머리를 짧게 잘랐다. 그러다 최근에서야 처음으로 머리를 기르며 몸 규범에서 벗어나려고 시도하고 있다. 긴 머리를 말리는 건 귀찮지만, 새로운 스타일은 제법 마음에 든다. 화이트 리본 캠페인White Ribbon Campaign의 공동설립자 마이클 코프먼Michael Kaufman은 저서 『남성은 여성에 대한 전쟁을 멈출 수 있다』에서 다음과 같이 말한다.

여성 대상 폭력의 심각성을 전 세계에 알리고, 이를 근절하는 것을 목표로 1991년 시작된 국제적인 여권 보호 운동.

> 모든 인간은 타인이 벌이는 인간 해방 운동에 빚을 지고 있다. (...) 모든 남성은 1970년대와 80년대의 동성애자 해방 운동과 오늘날 LGBTQ 운동에 감사해야 한다. 이 운동은 욕구와 사랑의 대상을 개인이 정의할 수 있다는 점을 새기는 데서 그치지 않는다. 누구든 우리를 지배하고 가두는 젠더 관념으로부터 벗어나 우리가 누구인지를 발견할 수 있다고 말하고 있다.[17]

몸 규범을 해체하고자 하는 페미니즘 운동의 성과는 여성에게 국한되지 않는다. 그러니 남성들도 질투를 벗어던지고 변화에 첨벙 뛰어들자. 남성의 삶은 지금보다 더 자유롭고 다채로워질 수 있다. 남성들에게 더 많은 변화의 롤모델이 필요하다.

리틀 포레스트는 멀리 있지 않다

남성은 돌봄의 주체가 되어야 한다

때로는 “고향이 어디예요?”처럼 간단한 질문 앞에서 고장이 난다. 내 고향은 어디일까? 태어난 지역을 기준으로 하면 서울이겠으나, 출생 직후 다른 지역으로 이사했으니 서울을 고향이라고 하기는 어색하다. 부모님 두 분 모두 강원도 출신이고, 나 또한 어린 시절을 강원도에서 보냈지만 그렇다고 강원도에 애착이 있지는 않다. 청소년기는 경기도에서 보냈다. 간혹 나름 ‘신도시 키즈’였다고 말하지만, 진지하게 경기도를 고향이라고 생각해 본 적은 없다. 그 이후 다시 청년기는 서울을 떠돌며 살고 있다.

거주 기간도 강원도, 경기도, 서울이 거의 3분의 1씩으로 비슷해서, 그때그때의 기분이나 상대방이 누군지에 따라 다르게 대답한다. 누군가가 내게 지친 기색으로 "고향에 좀 다녀와야겠어"라고 말하거나, 한결 포동포동하고 반질반질해진 얼굴로 "고향에 다녀왔다"라고 말할 때, 내 고향은 어디인가 하는 쓸데없는 고민은 더 커진다. 대체 고향에 무엇이 있길래? 고향을 갖지 못한 자의 편견이라는 걸 알지만, 나름대로는 진심으로 갈망한다. 나만의 '리틀 포레스트'를 말이다. 그렇다고 귀농을 하겠다거나 어느 지역에 정착하고 싶은 건 아니다. 나의 갈망은 특정 지역에 대한 그리움보다는 나를 보듬고 지켜줄 곳에 대한 기대에 가깝다.

다른 사람도, 자기 자신도 돌보지 않는 남성들

종종 아이가 있는 친구 집에 놀러 갈 때면 꼬물거리는 그 작은 존재가 혹시 부서질까 싶어 안기조차 망설여진다. 친구는 입으로는 수다를 떨면서도 온 신경이 아이에게 쏠려 있는데, 이 풍경은 설명할 수 없을 만큼 뭉클한 마음이 들게 한다. 갓난아기 때뿐일까? 어린이는 어린이라서, 청소년은 사춘기라서, 심지어 성인이 된 이후에도 변변한 일자리를 얻기 전까지 우리는 끊임없이 주변 사람들의 돌봄을 받는다. 아니, 서른을 훌쩍 넘겨서도 마찬가지다. 여전히 나의 냉장고에는 가족이 보내준 반찬이 채워져 있으며, 가족과 수시로 서로의 안녕과 안부를 묻는다. 여행 간 친구의 반려동물을 며칠간 대신 보살펴 주는 것, 걸음이 느린 친구와 발걸음을 맞추는 것, 실연한 친구의 어깨를 두드리며 함께 술을 한 잔 걸치는 것도 모두 돌봄의 일환이다. 그러니까, 인간으로 태어난 이상 우리는 '요람에서 무덤까지' 서로의 돌봄을 받지 않고 살아갈 수 없다.

이 단순한 진리를 받아들이기까지 정말 오랜 시간이 걸렸다. 모든 인간에게 돌봄이 필요하다는 것을 모르지는 않았다. 조카들에게 선물이나 용돈을 줄 때도 종종 "삼촌 운구값 미리 치른다"라는 매운 농담을 하곤 했으니까. 그러나 돌봄을 받아야 할 때면 마음 한구석에 불편함이 있었다. 남성이라면, 바람직한 남성이라면, '상남자'라면 누구에게도 의존하지 않고 1인분의 삶을 굳건히 살아내야 한다는 이상한 마음 같은 게 있었다. 대체 왜, 그리고 언제부터 그랬는지 모르겠다. 눈물이라도 보이면 "남자 새끼가…"로 시작되는 말을 듣던 순간부터였을까? "계집애처럼 굴지 말라"라는 소리를 들을까 봐 나약한 모습을 숨기던 버릇 때문일까?

많은 남성에게 돌봄은 어딘가 불편하고, 거리를 두어야 할 무언가로 여겨지기 일쑤다. 이는 단지 개인의 가치관이 아니라 사회문화적으로 요구받는 규범이다. 여전히 남성은 바깥일을 하는 '바깥양반'으로 여성은 집안일을 하는 '집사람'으로 불리는 사회니까. 한국 사회만의 이야기도 아니다. 산업화 이후 생산력을 극대화한다는 미명하에 성별고정관념에 따라 성역할이 이분화되었다. 자본주의-가부장제 사회의 남성-생산노동, 여성-재생산노동이라는 '합리적' 역할분담 속에는 누구나 느낄 수 있는 분명한 위계가 존재하고, 돌봄을 비롯한 재생산노동은 평가절하된다.

남성들이 부엌에 들어가면 고추가 떨어진다는 섬뜩한 농담을 정말 믿는 것은 아니더라도, 실로 많은 남성이 균형 있는 식사를 차리거나, 깔끔하게 빨래하는 등의 가사노동, 가족과 지인에 대한 돌봄노동을 비롯한 재생산노동을 등한시한다. 돌봄을 여성의 역할로 한정한 결과는 여러 연구에서 나타난다. 2019년 한국의 암환자 439명을 대상으로 진행한 연구에 따르면, 배우자에게 신체적 지원을 받은 비율이 남성 환자는 86.1퍼센트였지만, 여성 환자는 36.1퍼센트에 불과했다. 마찬가지로 남성 환자는 84퍼센트가 배우자에게

정서적 지원을 받았지만, 여성 환자는 32.9퍼센트만이 배우자에게 정서적으로 의지했다.[18]

배우자의 돌봄을 기대할 수 없어서일까? 혼자 살기를 마다하지 않는 여성이 늘고 있다. 2022년 한국리서치에서 만 18세 이상 남녀 1,000명을 대상으로 조사한 결과에 따르면, 전체 여성의 60퍼센트가 결혼하지 않고 사는 것을 긍정적으로 생각한다고 답했다. 그중에서도 20대 여성은 무려 80퍼센트가 비혼에 대한 긍정적인 인식을 보이며 같은 세대 남성(46퍼센트)보다 압도적으로 높은 수치를 보였다.[19] 청년 세대 여성들이 결혼을 꺼리는 이유도 주목할 만하다. 2022년 인구보건복지협회에서 비혼 청년 1,047명을 대상으로 실시한 온라인 설문 조사 결과에 따르면, 여성은 결혼을 꺼리는 이유에 대해 "혼자 사는 것이 행복하여서"(37.5퍼센트)라는 응답이 가장 많았다. 여성에게 비혼은 자발적인 선택인 것이다. 반면 남성은 "경제적 여유가 없어서"(71.4퍼센트)라는 비자발적인 이유가 압도적으로 높았다.[20]

서로를 돌보는 남성들의 공동체

돌봄에 대한 남성들의 무관심 혹은 거부감은 결혼제

도 바깥에서도 확인할 수 있다. 실제로 법적 가족이 아닌 여성들이 서로를 돌보며 함께 사는 모습은 주변에서도 흔하게 볼 수 있지만, 이와 비슷한 방식으로 살아가는 남성들은 흔치 않다. 하물며 남성끼리 카페에서 모여 앉아 이야기 나누는 모습조차 찾아보기 어렵다. 외롭고 심심하다고 입이 닳도록 이야기하면서도, 고민을 말해보라고 하면 "남자끼리 무슨…"이라고 하거나 같이 술이나 마시자는 반응이 나온다. 남성들끼리 서로를 돌보는 것? 상상조차 하지 못한다. 낯간지럽다며 도망치지나 않으면 다행이다.

나 역시도 내 안의 가부장적 남성성 때문에 결혼제도 바깥의 돌봄 공동체를 꾸릴 생각은 하지 못하고 나만의 '리틀 포레스트'라는 환상만 좇았던 건 아닐까? 당장 결혼 계획도 없고 앞으로도 혼자 살 가능성이 농후한데, 혹시 혼자 화장실에서 쓰러져 일어나지 못하기라도 하면 어떡하나 걱정이 들었다. 내가 쓰러져 있는 사이에 반려묘는 누가 챙겨줄까? "혼자를 선택한 사람들은 어떻게 나이 드는가"라는 부제가 붙은 논픽션 작가 김희경의 책 『에이징 솔로』에서 다른 삶의 가능성을 살펴보기로 했다.

책에서 소개되는 인상 깊은 사례 가운데 하나로는 여

성생활문화공간 비비협동조합(이하 '비비')이 있다. 2003년 당시 30대 비혼 여성 6명이 모인 '비혼들의비행' 모임에서 시작한 비비는 2016년 협동조합으로 전환하여 비혼·기혼을 가리지 않고 여성들을 위한 공동체를 꾸려오고 있다. 공동체를 이룬다는 것은 같이 밥을 먹고 놀러 다니는 등 좋은 때뿐 아니라 아프고 힘들 때도 함께한다는 것을 뜻한다. 실제로 비비에서는 구성원에게 "무슨 일이 생기면 119보다 빨리 출동"한다.[23] 매일 서로의 안부를 묻고, 돌봄에 대해 함께 공부하는 동료가 있다면 얼마나 든든하고 행복할까?

비비의 이야기를 접하며 돌봄 공동체가 막연한 환상이 아니라 내게도 현실이 될 수 있겠다는 기대가 생겼다. 그래서 요즘은 누구를 만나면 그 이야기를 하며 함께해 보지 않겠냐고 열심히 '플러팅'을 한다. 결혼, 연애, 혈연이 아니더라도 누군가와 공동체를 이루고 사는 삶에 대한 로망이 있는 사람들, 약한 모습을 숨기며 이해타산을 따지기보다는 돌봄이라는 가치를 바로 세우고 기꺼이 서로를 돌볼 수 있는 사람들, 그런 사람들과 편하게 슬리퍼 신은 채 만날 수 있는 작은 마을을 이루고 싶다.

가장 먼저 시도한 것은 '남성과 함께하는 페미니즘'에

서 돌봄 모임을 운영한 것이다. 지속 가능한 활동 방법을 찾고자 했던 것도 계기가 되었다. 페미니즘 활동을 하다 보면 갈등 상황을 맞닥뜨리는 일이 잦고, 원체 활동가들은 과로하는 경우가 많았다. 그래서 서로의 몸과 마음을 돌볼 수 있는 날을 정하기로 했다. 우리는 한강 캠핑장에서 옥수수와 고구마를 구워 먹었고, 함께 박물관, 전시회, 공연을 보러 다녔으며, 근사한 식당에서 저녁을 먹으며 개인적인 고민을 나누기도 했다. 설날과 추석 등 명절 연휴에 고향에 내려가긴 싫지만, 혼자 남아 있기도 외로운 사람들끼리 모여 이른바 '명절 대피소'를 열기도 했다.

돌봄 모임이 단체 내에서 그 중요성을 인정받으면서, 이후 상설 조직인 '평등문화위원회'가 설치되었다. 대개 활동가 단체에서는 운영과 실무를 담당하는 팀이 나뉘어 있고, 거의 모든 의사결정을 그 구조 안에서 내린다. 그러다 문제가 발생하면 이를 해결하기 위해 '비상대책위원회'를 구성하곤 하는데, 다소 사후적인 해결책이라는 고민이 늘 있었다. 그런데 평등문화위원회가 설치되면서부터는 평소에도 서로의 컨디션을 점검하고, 누군가가 과로하거나 갈등 상황을 마주하면 함께 머리를 맞대고 문제를 해결한다.

그 덕분에 개인적으로는 공황발작 증상을 다스릴 수 있게 됐다. 페미니즘 활동을 하면서 몇 차례 공황발작을 경험했다. 동료들의 도움으로 병원에 다니면서 증상이 많이 완화됐지만, 앞서 공황을 경험한 상황과 비슷한 상황에서 약이 없다는 것만으로 불안감이 증폭되어 공황발작을 일으키고는 했다. 병원에서는 증상의 원인을 고립감과 책임감으로 설명했다. 모든 일을 혼자 책임져야 한다고 여기면서 이런 증상이 생겼다는 이야기였다. 동료들에게 그 이야기를 털어놓는 것만으로도 증상이 훨씬 나아졌다. 나의 병증을 약점이나 나약함의 방증으로 여기며 부끄러워했다면 도저히 말하지 못했을 것이고, 증상도 나아지기 어려웠을 것이다.

돌봄의 경험이 쌓이고 쌓이면서 자연스럽고 당연스럽게 먼 훗날의 돌봄 공동체까지 상상해 보게 된다. 조금씩 병들고 스스로를 돌보기 어려운 몸이 되는 그날, 누구에게나 필연적으로 찾아올 돌봄이 필요해지는 그날, 지금부터 착실히 쌓아둔 돌봄의 경험이 그 어떤 연금보다 더 든든한 보장으로 우리를 찾아올 것이라 믿는다.

PART 5

구시대의 마지막 목격자

여성도 사람이라는 급진적인 개념

유리천장과 여성할당제

'정치질'이라는 표현이 있다. 온라인 게임에서도 흔히 사용되는데, 협동 플레이가 중요한 상황에서 실책을 저지른 플레이어가 다른 팀원에게 책임을 떠넘기거나, 팀원들을 이간질할 때 정치질을 한다고 말한다. 한국 사회에서 정치에 대한 인식이 어떤지 잘 보여주는 사례다. 다른 분야에서도 정치는 주로 부정적 뉘앙스로 쓰인다. '사내 정치'라든가 '정치적인 사람'이라는 표현이 그렇고, "정치적인 의도가 있다"라고 말할 때 대개는 눈살을 찌푸리게 하는 음모를 떠올린다. 연예인들은 정치에 대한 관심을 드러내면 생길 수 있는 구설수를 피하고자 정치와 일부러 거리를 두기 위해 조심한다. 이상한 일이다. 뉴스에서는 연일 정치권 소식이 쏟아지고 영화관에서는 잘못된 정치가 만들어 낸 역사적 비극을 소재로 한 영화가 1,000만 관객을 모으지만, 일상에서 정치는 피해야 할 대화 주제로 여겨진다.

충분히 대표되지 못하는 여성들

"인간은 정치적 동물이다"라는 아리스토텔레스의 말처럼 우리는 정치와 함께 살아간다. 대중교통 요금과 각종 생필품 물가부터 매달 납부하는 세금, 학교 교육, 회사 정책, 동네 공원 관리까지 정치의 영향을 받지 않는 것이 없다. 한정된 자원을 합리적이고 효율적으로 배분하기 위해 인류는 늘 정치를 해왔다.

페미니즘에서도 정치는 당연히 떼려야 뗄 수 없는 주제다. 18세기 프랑스혁명기에 「여성과 여성 시민의 권리 선언」을 쓴 올랭프 드 구주Olympe de Gouges는 "여성에게도 단두대에 올라설 권리가 있듯, 연단에 올라설 권리도 있어야 한다(La femme a le droit de monter à l'échafaud, elle doit avoir également celui de monter à la tribune)"라고 말하며 여성참정권을 주장했다. 동명의 영화로도 만들어진 20세기 초 영국의 서프러제트Suffragette 운동은 여성참정권을 위해 목숨을 바친 투쟁이었다. 1970년대 미국 페미니즘을 휩쓴 "개인적인 것이 정치적인 것이다(The personal is political)"라는 슬로건만 보더라도, 페미니즘 운동과 정치가 얼마나 밀접한지 알 수 있다.

한국의 정치 현실은 어떨까? 여성 대통령에 이어 페미니스트가 되겠다던 대통령도 경험했으며, 존폐 논란은 있으나 아직 여성가족부도 있으니, 이만하면 한국에서도 페미니즘 정치가 자리를 잡았다고 이야기할 수 있을까? 여성 국회의원 숫자부터 알아보자. 22대 국회에서 여성 의원은 지역구 36명, 비례대표 24명으로 전체의 20퍼센트 수준이다. OECD 회원국 평균인 33.8퍼센트에 한참 미치지 못하며, 순위로 따지면 37개국 중 34위다. 세계 각국의 여성 의원 비율을 나타낸 국제의회연맹(IPU) 자료에 따르면, 2024년 11월 기준 180여 개국 가운데 한국의 순위는 117위다.[1] 지역 정치 상황도 마찬가지다. 1995년 지방선거가 치러지기 시작한 이래, 2024년까지 단 한 번도 여성 광역단체장이 선출된 적이 없다. 2022년 민선 8기 지방선거 광역의회 당선자 872명 중 여성은 173명으로 19.8퍼센트에 불과하다.

행정부도 상황은 비슷하다. 2024년 기준 여성 장관

은 전체 19명 중 3분의 1도 되지 않는다. 여성가족부에서 발표한 「2024 통계로 보는 남녀의 삶」에 따르면, 5급 이상 일반직 지방공무원 여성 비율은 30.6퍼센트이며, 4급 이상 고위공무원 중 여성 비율은 11.7퍼센트뿐이다.[2] 사법부에서도 유리천장은 여전하다. 21대 국회 박용진 의원실에서 대법원으로부터 제출받은 자료에 따르면, 2023년 10월 기준으로 전체 법원장급 법관 48명 중 여성은 4명뿐이었다. 고등법원 법관 363명에서도 여성은 78명에 불과했다.[3] 그러니까, 전체 인구의 절반을 차지하는 여성들은 민주주의 정치 시스템의 근간인 입법부, 사법부, 행정부 어디에서도 충분히 대표되지 못하고 있다.

이에 대한 가장 게으른 반응은 "여성들이 안 뽑혔는데, 유능한 여성 인재가 없는데 어떡해?"일 것이다. 이는 능력주의를 핑계로 통계에 나타나는 차별을 외면하고 방치하려는 목소리다. 그보다는 통계를 통해 차별을 확인하고, 문제를 개선할 수 있는 대책을 세우고, 그 대책이 성과를 내는지 점검하며, 더 나은 대안을 찾아야 한다. 지금까지 수많은 페미니스트가 차별적인 현실을 개선할 이론과 정책을 고민해 왔다. 그 결과 가운데 하나가 선거에서의 여성할당제다.

여성할당제는 여성의 대표성을 확대하기 위해 전 세계 100여 개국에서 채택하고 있는 제도다. 한국에서도 「공직선거법」 제47조에 따라 국회와 지방의회 비례대표에서 50퍼센트의 여성 할당을 의무화하고 있으며, 지역구 공천에서는 30퍼센트의 여성 할당을 권고하고 있다. 그러나 2022년 지방선거에서 비례대표 후보의 여성 비율은 광역의원 선거에서 70퍼센트, 기초의원 선거에서 90.1퍼센트였으나, 전체 지역구 후보 중 여성 비율은 22.9퍼센트뿐이었다. 전체 의석에서 훨씬 더 큰 비중을 차지하는 지역구 의원 선거에서는 여성 후보자 비율에 대한 권고 기준도 지켜지지 않은 것이다.

변화를 만드는 최소한의 균형

최소한의 균형을 맞추려는 시도조차 탐탁지 않게 여기고, 일부 여성 정치인의 행보를 사사건건 트집 잡으며 성평등을 위한 변화를 무용하게 만들려는 이들이 있다. 그런 모습을 볼 때마다 지금까지 남성 정치인들도 같은 잣대로 비판받았는지 묻고 싶다. 오히려 남성 정치인들은 패착을 반복해도 '남성'이라는 이유로 책임을 피하며 자리를 지키곤 했다.

그런데 일부 사람들이 여성 정치인에게 느끼는 아쉬

움이 정말로 객관적인 역량 부족 때문일까? 여성 정치인들은 겹겹의 편견과 차별을 딛고 서 있다. 가부장적인 사회에서 사람들이 무의식적으로 여성의 능력을 낮게 평가한다는 연구 결과가 있다. 마이클 코프먼의 『남성은 여성에 대한 전쟁을 멈출 수 있다』에서 소개된 한 연구에서 연구원들은 대학교수들에게 실험실 관리직에 지원한 대학원생 2명의 이력서를 살펴보게 했다. 실험을 위한 가상의 이력서였다. 이력서의 다른 내용은 동일했으나, 한쪽에는 여성 이름이, 다른 이력서에는 남성 이름이 기재되어 있었다. 교수들은 여성 지원자에게 남성 지원자보다 14퍼센트 적은 임금을 책정했다.[4] 이 결과가 연구 참여자들만의 문제일까?

한국 사회가 정치, 경제, 사회 등 각종 영역에서 주목받은 여성들을 어떤 식으로 기용해 왔는지 한번 생각해 보자. 이들에게 실질적인 권한은 부여하지 않은 채 기존 남성 리더가 망쳐놓은 조직의 '이미지 쇄신'을 위해 자리에 앉혀 놓는 경우가 많다. 여성들은 업무를 잘하면 여성이라 특혜를 받은 '역차별' 사례가 되었고, 못하면 "이래서 여자는 안 된다"라는 비난을 받았다. 미디어 속 여성 리더들에게는 흔히 '부드러운 리더십' 같은 수식어가 따라오며, 주변을 잘 돌보는 '여성스러운' 면모가 부각된다. 정반대로 높은 자리와 성공을 쟁취하려고 '남성보다 더' 악독하고 치열하게 구는 '마녀'로 그려지기도 한다. 둘 중 어느 쪽이 되었든 여성에 대한 성별고정관념에서 자유롭지 못한 것은 마찬가지다.

역량을 충분히 갖춘 여성이 보이지 않는 성차별 탓에 높은 자리에 오르지 못한다는 의미의 유리천장glass ceiling, 유리천장을 뚫고 올라가더라도 실패가 예견된 자리일 가능성이 크다는 의미의 유리절벽glass cliff이라는 용어는 그렇게 만들어졌다. 더 이상 여성들에게 단단한 천장과 아슬아슬한 절벽만이 선택지가 되어서는 안 된다.

전문가들은 어떤 자리든 여성 비율이 30퍼센트는 되어야 한다고 말한다. 그 정도면 충분하다는 뜻이 아니라, 최소한 그 정도는 되어야 한다는 뜻이다. 스웨덴의 저명한 정치학자 드루데 달레루프Drude Dahlerup는 '임계수치critical mass'라는 개념을 제시하며, 30퍼센트의 비율이 확보되면 여성 리더들이 소수자를 대표하는 상징적이고 예외적인 존재라는 압박과 낙인에서 벗어날 수 있다고 설명한다. 예를 들어, 국회에서 여성 의원 비율이 30퍼센트를 넘는다면, 이른바 '사우나 정치'라는 남성 중심의 정치 문화가 힘을 잃을 것이고,

실질적으로 큰 권한과 책임이 있는 자리로 더 많은 여성이 진출할 수 있을 것이다.

여성들이 정치적 힘을 갖고, 여성 정치인이 늘어나는 것이 곧 유토피아의 도래를 담보하지는 않는다. 유능하고 청렴한 여성 정치인만큼 무능력하고 부패한 여성 정치인도 늘어날지 모른다. 그러나 "페미니즘은 여성도 사람이라는 급진적인 개념이다(Feminism is a radical notion that women are people)"라는 말조차 엄연한 현실로 느껴지는 한국 정치에서 '여성 국회의원 비율 30퍼센트'라는 바람은 아직 유효하다. 언젠가 그 바람이 철 지난 이야기가 되기를 간절히 바라본다.

정치는 여자의 얼굴을 하지 않았다

사과를 모르는 남성성의 정치

"미안해." 이 짧은 한마디가 왜 이렇게 어려울까? 알맞은 상황에 제때 사과하지 못해서 인간관계가 멀어지거나, 갈등을 키우는 때가 많다. 나도 연애할 때 마음이 상한 상대방을 앞에 두고 "아니, 그게 아니라…"라며 변명으로 일관하거나, 성급하고 성의 없이 "그래, 내가 다 미안해"라고 말해 화를 돋우곤 했다. 호미로 막을 걸 가래로도 못 막고 허탈했던 적이 몇 번이던가. 반성하고 또 반성하지만, 여전히 사과는 어렵다. 강의를 하다가, 혹은 친구들과 수다를 떨다가 언어 사용을 지적받으면 사과의 말과 함께 따라 나오는 변명을 멈추기 위해 안간힘을 쓰곤 한다.

제때 적절하게 하는 사과를 찾아보기가 참 힘들다. 명백히 사과할 일이 생겨도 책임 있는 사람들은 문제를 외면하기 일쑤이고, 사과를 하더라도 등 떠밀려 하는 분위기를 물씬 풍겨 듣는 이에게 불쾌함만 남길 때가 많다. 실로 얼마나 많은 기업에서 문제가 발생한 이후 제때 적절한 방식으로 사과하지 않아 복장을 터지게 했던가. 온라인 커뮤니티에서는 유명인들의 엉망진창 사과문에 담긴 억울함과 변명, 반성 없음을 꼬집은 '사과문 해석본'이 유행하기도 했다. 사과문에 써서는 안 될 말과 꼭 들어가야 하는 말을 정리한 '사과문 잘 쓰는 법'도 있다. 형식적으로 쓴 사과문이 과연 제대로 된 사과인가 싶지만, 감형을 위해 범죄자들의 반성문을 대필하는 시장까지 있다고 하니 직접 쓰면 양반인가 싶다.

사과를 나약함으로 여기는 남성문화

'성문화연구소 라라'에서는 성교육의 일환으로 '몸 긍정 교육'을 진행한다. 몸 규범과 정상성 강요, 꾸밈 압박에서 벗어나 다양하고 유별난 각자의 몸을 그 자체로 받아들이고 긍정하게 하는 교육이다. 여성 청소년 대상의 몸 긍정 교육을 가까이에서 지켜볼 기회가 있었다. 강사 선생님이 마음에 들지 않는 신체 부위를 온라인 게시판에 써보도록 하자 "다리가 굵다", "어깨가 넓다" 등의 이야기가 쏟아져 나왔다. 곧이어 "다리가 튼튼하니까 더 멀리까지 걸을 수 있을 거야", "어깨가 넓으면 태가 살더라" 등 여러 댓글이 달렸다. 그렇게 교육 참여자들이 서로에게 남겨준 댓글들을 통해 성별고정관념과 전형적인 미적 기준에서 벗어나 각자의 몸을 긍정할 수 있는 유익한 과정이었다. 그런데 문득 궁금했다. 남성 청소년 대상으로도 교육이 잘 진행될까? 선생님에게 슬쩍 물어보자, 남성 청소년들은 자신의 신체적 콤플렉스를 글로 잘 표현하지 않는다는 답이 돌아왔다.

그도 그럴 것이, 일단 나부터도 친구들에게 내 콤플렉스를 밝힐 의사는 눈곱만큼도 없다. 학창 시절, 나와 친구들은 언제나 서로를 놀리지 못해 안달이었다. 만나면 반갑다고 서로를 놀리는 게 우리의 안부 인사였으며, 혹여 누군가가 애인과 이별하면 학교 앞 문방구 사장님까지 알 수 있도록 그 소식을 퍼다 나르는 게 우리의 놀이 문화였다. 고3 때 각각 '최순사', '이육사'라는 별명의 친구가 있었다. 경찰대학과 육군사관학교에 불합격하고 붙은 별명이었다. 학교에서 우는 건 본 적도 없고 상상도 할 수 없는 일이었다. 하품으로 눈물 한 방울만 나도 “우냐?”에서 “이 새끼 운다!”가 되고, 소문은 학년 전체를 돌며 ‘감성팔이 소년의 폭풍오열 썰’이 되었다. 그러므로 친구들에게 약한 모습을 드러내는 건 내게도 금기 사항이었다.

청소년기에 섬세한 감정을 발달시키지 못한 대가는 컸다. 성인이 된 이후 한동안 슬퍼도 눈물이 잘 나지 않았다. 약간 허세처럼 느껴지겠지만, 다른 사람들이 왜 우는 건지 잘 몰랐다. 눈물을 흘리거나 격한 감정을 표현하는 사람 앞에 있는 것만으로 불편했다. 심지어 두렵기까지 했다. 내가 잘못해서 사과해야 할 상황에서도 멋쩍게 웃으며 그 상황과 불편하고 두려운 감정에서 회피하려 했다. 그 감정마저 숨기고자 ‘저 사람은 왜 이렇게 감정적으로 굴지?’라고 생각하며 오히려 상대방을 탓했다.

사과할 줄 모르는 정치권력에 묻는다

10·29 이태원 참사 앞에서 많은 사람이 또다시 반복된 참사에 무력감과 절망감을 느꼈다. 그런데 이 비극에 불필요한 말을 얹은 사람, 슬픔에 잠긴 이들을 맥 빠지게 하는 말을 한 사람들이 있었다. 그것도 온라인 공간에서 익명으로

단 댓글이 아니라, 공적인 자리에서 얼굴을 드러내고 한 망언이었다. 국무총리라는 사람은 참사 직후 외신과의 간담회 자리에서 상황에 맞지 않는 농담을 던졌다.[5] 이태원 지역의 지자체장인 용산구청장은 핼러윈 축제 기간 이태원에 인파 몰린 것은 "일종의 어떤 하나의 현상"이라며, "구청에서 할 수 있는 역할은 다했다"라고 말했다.[6] 최전선에서 무엇이라도 해보겠다고 안간힘을 썼던 사람들은 눈물 흘리며 사과하는데, 참사에 대해 더 큰 책임이 있는 이들은 좀처럼 사과하지 않았다. 이들은 어떻게든 자신의 책임을 회피하고 잘못을 사과하지 않기 위해 안간힘을 쓰는 듯했다.

코로나19 팬데믹 시기 이후 처음으로 열리는 핼러윈 축제에 전례 없이 많은 인파가 몰릴 것을 모두가 예상할 수 있었는데, 그날 이태원에는 왜 공권력이 부재했나? 이태원 참사는 부작위에 의한 방조, 즉 공권력이 책무를 다하지 않아서 발생한 참사였다. 그런데도 참사 이후, 공권력을 참칭하는 이들이 보인 뻔뻔한 행보는 소름이 끼칠 지경이었다. 그들은 사과하는 대신 가까스로 애도한다. 그것도 희생자보다 자신들의 불운함을 더 애도한다. 그리고 참사 현장에서 '범인'과 '가해자'를 찾는다. 아니, 어떻게든 가해자를 만들어 낸다. 그들에게 이것은 정쟁이고, 전쟁이고, 반드시 이겨야 하는 싸움일 뿐이니까. 『전쟁은 여자의 얼굴을 하지 않았다』라는 제목의 책이 있다.⑦ 정치권력 역시 대체로 남성의 얼굴을 하고 있다. 정치인들의 성별만을 이야기하는 게 아니다. 정치인들이 남성연대의 위계질서와 남성문화의 가치관을 정치 문법으로 답습해 왔다는 이야기다. 이들은 승리와 패배의 이분법에 사로잡혀 있고, 경쟁과 효율, 개발과 발전을 강조하며 돌봄과 연대, 안전과 공존은 등한시한다.

정치권력이 달라지지 않는다면, 참사를 되풀이할 수밖에 없다. 여성학 연구활동가 권김현영은 『다시는 그전으로 돌아가지 않을 것이다』에서 "페미니즘의 목표는 권력을 남성으로부터 '탈환'하는 데 있는 게 아니라, 권력에서 폭력을 제거하고 권력의 의미를 바꾸는 데 있다"라고 했다.⑧ 그렇다면 끝끝내 제대로 사과할 줄 모르는 이들의 비겁함 앞에서 우리는 다시 물을 수밖에 없다. 권력의 의미는 어떻게 달라져야 하는가? 정치권력은 어떤 모습이 되어야 하는가? 정치란, 국가란, 권력이란 무엇인가?

십자가를 밟으라 말하는 이들에게

퀴어문화축제와 혐오세력

페미니스트들에게는 설날과 추석에 못지않은 명절이 있으니, 바로 퀴어문화축제다. 매년 가장 뜨거운 여름날이면 서울퀴어문화축제가 열리고, 페미니즘을 접한 이후로는 누가 등 떠밀지 않아도 그 뜨거운 축제에 참여해 그간 감춰두었던 더 뜨거운 끼를 뽐내는 것이 나의 연례행사가 되었다. 서울퀴어문화축제의 다양한 볼거리와 즐길거리 중에서도 개인적으로 가장 좋아하는 것은 퀴어퍼레이드다. 세상 곳곳에서 일상을 살아가는 다채로운 퀴어 당사자들, 얼라이ally 들과 함께 편견과 혐오에 맞서 당당하게 춤추고 노래하며 서울 한복판을

자신은 성소수자가 아니지만, 성소수자 인권을 위해 적극적으로 연대하는 사람.

누비는 퀴어퍼레이드는 활동가의 고된 삶에 희망을 불어넣는 한 줄기 빛과 소금이다.

축제의 한복판에서 지옥을 이야기하는 사람들

퍼레이드에 함께하는 사람들 못지않게 퀴어문화축제를 기다리는 이들이 있다. 축제 맞은편에서 종교의 이름으로 퀴어의 존재 자체를 죄악시하며 폭력을 일삼는, 보수 기독교 단체를 위시한 이른바 혐오세력이다. 이들은 비가 쏟아지고 뙤약볕이 내리쬐어도 퀴어문화축제에 나타나 축제를 즐기는 사람들을 시기하듯 지옥에 갈 것이라며 저주를 퍼붓는다. 하지만 미운 정도 정이라고, 몇 년간 이어진 잘못된 만남이 이제 익숙해질 지경이라, 혐오세력에서 “동성애는 죄악”이라는 구호를 외칠 때, 중간에 끼어들어 “동성애는 사랑”이라는 구호로 만들며 이상한 불협화음을 이루곤 한다.

사랑을 외치는 사람들과 저주를 퍼붓는 혐오세력의 대조되는 모습이 참 기괴하고 슬프다. 더 큰 문제는 혐오세력의 행태가 단지 축제에서 구호를 외치는 정도에 그치지 않는다는 것이다. 2023년 서울시는 2015년부터 이어진 서울퀴어문화축제의 서울광장 사용을 8년 만에 불허했다. 퀴어문화축제가 중구 을지로 일대에서 진행되었던 7월 1일, 서울광장에서는 기독교 단체에서 주최하는 '청소년·청년 회복 콘서트'가 열렸다. 여러 정황에 따르면, 서울광장에서 퀴어문화축제가 열리지 못하도록 혐오세력이 서울시를 압박하고 공간을 점유했던 것으로 보인다.[9]

혐오세력의 압력은 교육 현장으로도 이어지고 있다. 개인적인 경험을 소개하자면, 2023년 남양주 소재의 한 단체로부터 '사춘기 자녀의 성문화 이해하고 소통하기'라는 주제로 양육자 대상 강의를 의뢰받은 적이 있다. 평소 양육자 대상 성교육이 정말 중요하다고 생각해 왔던지라, 기대와 바람을 담아 열심히 강의를 준비했다. 교육 현장에서 어린이·청소년을 만나며 경험하고 고민했던 바를 양육자들과 나누고, 가정에서 성교육을 어떻게 실천할 수 있는지 함께 연습해 보고자 했다. 그런데 관련 홍보가 시작되면서부터 남양주에 거주하는 지인들로부터 염려 섞인 연락을 받기 시작했다. 강사가 동성애를 옹호하고 퀴어퍼레이드에 나간 전력이 있다며, 보수 기독교인들이 해당 단체에 압력을 넣고 있다는 것이었다. 다행히 교육을 의뢰한 단체 측에서는 강의 주제와 상관없는 '사상 검증'은 적절치 않다고 판단했고, 강의는 무사히 진행되었다. 현장에서도 그 어떤 문제도 발생하지 않았다.

하지만 매번 이렇게 운이 좋은 것은 아니다. 이 경험이 그다지 놀랍지 않았던 것은, 앞서 무수히 많은 강사가 혐오세력의 조직적인 횡포에 시달린 걸 알고 있었기 때문이다. 같은 해에 서울시교육청 학부모지원센터에서 민원이 들어왔다는 이유만으로 다년간 전문성을 인정받아 온 강사의 교육 일정을 취소한 일도 있었다. 이는 수많은 이들의 교육받을 기회를 박탈하고, 강사의 전문성을 무시하고, 교육 현장을 위축시키는 행태다. 이처럼 행정이 혐오에 굴복하는 일이 반복된다면, 혐오세력은 그 경험을 자양분 삼아 영향력을 키울 것이고, 성소수자들은 자신들의 존재를 인정하지 않는 세상으로 내몰릴 것이다.

작금의 사태를 지켜보며 '십자가 밟기'를 떠올린다. 십자가 밟기는 에도시대 일본 막부에서 기독교 탄압의 일환으로 기독교인으로 의심되는 사람들에게 십자가상이 새겨진 금속판을 밟고 지나가게 했던 것을 말한다. 십자가 밟기를 거부하거나 동요했던 수많은 기독교인이 색출되어 처벌받았다. 이처럼 탄압받은 역사가 있는 기독교인들이 이제는 "동성애에 대한 입장을 표명하라"라며 다른 이들을 압박하고, 소수자를 탄압하는 수단으로 십자가를 휘두르는 것이 아이러니하다. 당장 나부터도 또 어떤 혐오세력의 낙인찍기로 예정된 강의가 사라지지 않을까 염려하지 않을 수 없다. 하지만 교육을 멈출 수는 없다. 학교와 회사에, 각종 청소년 기관과 청년 단체에, 그리고 교회 안에도 퀴어 당사자들이 있을 것이기 때문이다.

네 이웃을 네 몸과 같이 사랑하라

청소년 시절, 친하게 지내던 친구가 내게 동성애에 대해 어떻게 생각하는지 슬쩍 물어본 적이 있다. 또래들에 비해 작고 왜소하여 "계집애 같다"라는 놀림을 받았던 나는 괜스레 센 척을 하며 동성애에 대해 악담을 퍼부었다. 얼마 후 그 친구가 동성애자라는 걸 알게 되어 부끄러움에 몸서리를 쳤다. 하지만 나는 끝끝내 사과 한마디 못 하고 침묵한 채 그 친구와 멀어졌다. 지금까지도 부끄러운 기억이다.

대학생 시절에는 해외에서 살아보고 싶은 마음에 태국으로 6개월간 교육 봉사를 다녀왔다. 서툰 태국어로 교육에 참여한 학생에게 (칭찬이랍시고) "잘생겼다"라며 덕담을 했더니, 그 학생이 "저는 예쁘다고 해주세요"라고 똘망똘망한 눈빛으로 말했다. 그 학생이 바지 교복을 입고 있었기에 잠시 의아했지만, 얼마 후 그가 트랜스젠더라는 것을 알게 됐다. 어느 교실이든 2~3명 정도는 트랜스젠더 학생이 있었다. 영어처럼 여성형·남성형 대명사가 서로 다른 태국어의 특성으로 짐작한 수가 그 정도였다. 겉모습으로 드러나지 않는 성적지향과 다양한 정체성을 고려하면, 성소수자의 비율은 더 높을 것이었다. 태국의 성소수자 비율은 기후, 역사, 종교, 문화 등으로 인해 '유난히' 높아진 것이 아니다. (태국이라고 성소수자를 향한 혐오와 차별이 전혀 없는 것은 아니겠지만) 한 사회가 혐오와 차별에서 벗어났을 때, 자신의 존재를 드러내는 성소수자의 비율이 그 정도인 것이다.

나는 강의를 할 때면 늘 그 공간에 최소 10퍼센트 이상의 성소수자가 있을 것이라 전제한다. 연애를 주제로 다룰 때도 '여자친구', '남자친구' 대신 '애인'이라는 말을 사용하고, 누군가가 농담처럼 "게이 같다"라고 말할 때는 게이 같은 게 대체 무엇인지, 눈앞에 남성 성소수자가 있다면 어떤 느낌일 것 같은지 묻는다. 대단한 사명감이 있는 것은 아니다. 학창 시절 친구에게 사과하지 못했던 부끄러움을 기억하고, 태국인 청소년의 똘망똘망한 눈빛이 아른거리기 때문이다.

다른 사람이 나와 같은 잘못을 저지르지 않았으면 좋겠고, 또 한국의 성소수자 청소년들도 태국의 청소년들처럼 자신감 넘치고 행복하게 살아가기를 바란다. 이를 위해 보수 기독교인들에게 얼마나 많은 나라에서 동성애와 동성혼을 자연스럽게 받아들이고 있는지, 동물들 사이에서도 동성애가 얼마나 흔한지 구구절절 이야기할 수도 있지만, 무엇보다 한 번만 퀴어문화축제에 참여해서 퀴어 '이웃'들의 눈을 바라보며 대화해 보라고 말하고 싶다. 그저 "네 이웃을 네 몸과 같이 사랑하라"라는 성경의 가르침, 그 가르침이면 충분하다.

"그게 사랑이 아니면 뭔데?"

남성들의 이토록 삭막한 우정

즐겨 보는 유튜브 채널이 있다. 두 유튜버가 바이크를 타고 한적한 길을 따라 달리다가, 물 좋고 산 좋은 곳에 텐트를 치고, 그곳에서 함께 맛있는 음식을 나눠 먹고, 모닥불을 피워 '불멍'을 하다가, 이튿날 잠에서 깨어나 멋진 경치를 바라보며 따뜻한 커피를 마시는 힐링 콘텐츠다. 머리가 복잡하거나 쉬고 싶을 때면, 자극적인 요소 없이 두 사람이 자유롭게 돌아다니며 여행하는 모습을 멍하니 보곤 한다. 구독자가 많지 않은 작은 채널이라 구독자들과의 소통도 활발하다. 구독자들의 댓글은 영상 속 풍경에 감탄하는 내용과, 이들의 사랑을 응원하는 아주 건전하고 훈훈한 내용이 대다수다.

그런데 이 훈훈함에는 한 가지 반전이 있다. 사실 두 유튜버는 모두 남성이며, 연인 사이도 아니다. 구독자들도 당연히 그 사실을 모르지 않으니, 이들의 사랑을 응원하는 댓글을 다는 건 일종의 장난이다. 두 사람도 그런 댓글을 별로 진지하게 받아들이지 않고 그저 웃어넘긴다. 매번 진지해지는 건 나 혼자뿐이다. 나는 두 사람의 모습이 사랑이 아니라면, 대체 뭐가 사랑인가 하는 고민을 진지하게 한다.

동성과의 접촉을 두려워하는 남성들

"동성이기에 우정으로 넘겼던 사랑, 이성이기에 사랑으로 착각한 순간." 온라인 커뮤니티에서 많이 떠돌았던 말이다. 나 역시 이성에게 느꼈던 우정을 사랑으로 착각했던 순간들이 떠오른다. 그런데 동성이라 우정으로 넘겼던 사랑은 사실 잘 떠오르지 않는다. 그것은 내가 철저히 이성애자로 태어나서라기보다는 한국 사회의 이성애 중심 남성문화 속에서 성장하며 동성과의 사랑을 상상할 수 없는 사람으로 만들어졌기 때문일 것이다.

이야기는 내가 지금보다 어리고 귀여웠던 시절로 거슬러 올라간다. '귀염뽀짝'했던 초등학생 이한은 학교에 갈 때면 으레 동네 친구들과 나란히 손을 잡고 걸었다. 특히 같은 동네에 살던 동성 친구와 아주 친해서 매일 아침 손을 잡고 다녔다. 그런데 어느 날 이 모습을 본 동네 어른들이 귀엽고 보기 좋다며 깔깔거렸던 순간이 지금도 기억난다. 아무런 악의 없는 장난스러운 반응이었지만, 나는 은연중에 우리의 행동이 웃음거리가 될 수도 있음을 느꼈다. 그리고 눈치채지 못할 만큼 자연스럽게, 그러나 사실 인위적으로 그 친구와 나의 관계에는 거리감이 생겼다.

조금씩 나이가 들면서 자연스럽게 '암묵적인 룰'을 체화하게 됐다. 특히 사춘기가 시작된 이후부터 남성 간 신체 접촉은 일종의 금기였다. 기껏해야 가볍게 어깨동무를 하는 정도였다. 남학생들 사이의 이런 분위기는 그 후로 강산이 변해도 한참 변했을 지금까지도 크게 달라지지 않은 듯하다. 강사가 되어 다양한 학교에 다니며 통념과는 달리 여학교나 남학교나 시끄럽고 더러우며 유쾌하기는 매한가지인, 사람 사는 공간이라는 걸 알게 됐다. 한 가지 두드러진 차이가 있다면 여학교에는 팔짱을 끼거나 손잡고 다니는 친구들이 더러 있지만, 남학교에서는 그런 모습을 찾아보기 어렵다는 것이다. 대체 왜 여성들 사이에서는 일상적인 가벼운 접촉조차 남성들 사이에서는 이토록 금기시되는 걸까?

학교에서 남학생들이 티격태격하는 모습을 지켜보다 보면, "게이냐?"라는 말이 곧잘 튀어나온다. 자신의 외모에 관심을 기울일 때, 친구들 사이에서 소심한 모습을 보일 때, 어쩌다 손등이 스치거나 심지어 친구에게 걱정 어린 안부를 물을 때조차도 "게이냐?"라는 물음 아닌 물음이 불쑥 튀어나온다. 안 그래도 이성애 중심주의가 판치는 보수적인 한국 사회에서 이러한 또래 문화는 성인 남성들 사이에서도 만연한 동성애 혐오로 이어진다.

2024년 한국리서치에서는 18세 이상 성인 1,000명을 대상으로 한국 사회가 동성애를 받아들여야 할지를 질문했다. 이미 같은 사회를 살아가고 있는 존재들에 대해 이런 질문을 던진다는 것 자체가 어불성설이라는 점을 분명하게 지적하며 그 내용을 살펴보면, 18~29세 청년 여성 중 "동성애를 받아들여야 한다"라고 응답한 비율은 67퍼센트였고, "받아들여서는 안 된다"라는 응답은 14퍼센트에 그쳤다. 반면 같은 연령대의 청년 남성은 "받아들여야 한다"가 21퍼센트, "받아들여서는 안 된다"가 54퍼센트로 정반대의 양상을 보였다. 성소수자에 대한 감정을 물어본 결과도 다르지 않았다.

18~29세 여성은 게이, 레즈비언 모두에게 호의적 태도를 보인 비율이 더 높았지만, 같은 세대 남성은 적대적 태도가 더 높았다.[10] 이처럼 같은 청년 세대에서도 두드러지는 차이를 단지 성별만으로 설명할 수 있을까?

'리얼한 우정'에는 우정이 없다

자신의 취약함을 드러내는 것, 심지어는 친밀함과 사랑의 표현까지도 처벌의 대상이 되는 남성문화는 그 차이를 설명하는 유력한 이유다. 남성연대의 위계질서는 끊임없이 누군가를 소외시키고, 폭력의 대상으로 삼는다. 그리고 그 폐해는 특정 소수자 집단에 한정되지 않는다. 동성애를 혐오하는 사회에서 거의 모든 남성은 자신의 남성성을 증명하기 위해 가벼운 신체접촉을 비롯한 애정 표현을 과장되게 싫어하도록 학습된다. 그런 문화 속에서 어떤 이들은 자신의 다양한 욕구와 성적지향을 탐구할 겨를도 없이 성급히 자신을 이성애자로 간주하며, 다른 삶의 가능성을 차단한다.

예능 프로그램 〈나 혼자 산다〉에서 남자들의 리얼한 우정이라며 회자되었던 장면이 있다. 영화배우 박정민이 친한 친구와 만났음에도 눈빛 교환이나 짧은 안부 인사도 없이 그저 침묵 속에서 밥만 먹는 모습을 여성 패널들이 의아해했고, 남성 패널들은 공감해 마지않았다. 여러 온라인 커뮤니티에서도 자신과 친구들의 모습을 보는 것 같다는 남성들의 간증이 쏟아졌다. 술이 없으면, 게임이나 스포츠를 같이 하는 상황이 아니면 동성과 함께 있는 것에 어색함을 호소하는 남성이 많다. 나는 이러한 감정적 교류가 부재한 모습을 '리얼한 우정'으로 포장하고 싶지 않다. 어떤 남성들이 노래방에서 '도우미'를 찾는 것은 '고음 불가' 때문이 아니다. 감정적 교류조차 여성에게 위탁하는 왜곡된 남성성 때문이다.

물론 남성들의 우정에 '사랑'이라는 이름을 붙인다고 우정이 사랑이 되고, 사랑이 우정이 되는 것은 아니다. 그럼에도 나는 꾸준히 "그게 사랑이 아니면 뭔데?"라고 외친다. 남성들의 메마른 우정에 감정적 교류와 돌봄이라는 단비가 필요하다. 그리고 그것을 표현하기에 사랑보다 멋진 말은 없다. 안부를 묻고, 서로를 염려하며 돌보고, 따뜻한 체온을 나누는 남성들의 끈끈한 우정과 사랑을 응원한다.

제 취미는 게임입니다

게임 내 여성혐오

게임과의 지독한 인연이 시작되겠다고 느낀 건, 아무래도 〈스타크래프트〉를 만나면서였다. 그 이전에도 문방구 앞에서, 또 친구 집에서 간간이 게임을 하기는 했지만, 그때까지 게임은 그저 친구와 함께 놀기 위한 여러 수단 중 하나였을 뿐이었다. 그러나 〈스타크래프트〉는 달랐다. 게임을 중계하는 TV 채널이 생겼고, 게임과 관련된 각종 문화가 등장했다. 친구들은 서로 승부를 겨루며 실력을 뽐냈고, 저마다의 가슴속에는 응원하는 프로게이머가 한 명쯤 있었다.

주변 어른들은 간혹 한심해하면서도 어른이 되면 어련히 그만두겠거니 했지만, 어른이 되어버린 지금도 게임은 나의 가장 오랜 취미다. PC 게임부터 콘솔 게임까지 두루 섭렵하고, 잘 만든 게임은 예술과 구분할 수 없다고 믿는 '과몰입 끝판왕'이다. 그러나 이상하게도 주변에서 취미가 무엇인지 물으면 게임이라는 대답은 항상 후순위로 밀렸다. 운동, 독서, 영화, 쇼핑 같은 것들을 먼저 말하고, 충분히 친분이 쌓였다 싶으면 그제야 수줍게 사실 게임도 좋아한다고 밝혔다. 많은 게이머가 이런 반응에 공감하리라 생각한다. 어떤 이들에게 게임은 여전히 청소년 때나 하는 유치한 취미로 여겨진다. 대개는 그러려니 하면서도 권장할 만한 취미로 여기지는 않고, 폭력성을 유발하거나 중독자를 양산하는 음침하고 부정적인 취미로 여기는 사람도 적지 않다.

달라진 게임 시장, 달라지지 않은 여성혐오

세상이 달라지고 있다. 아니, 이미 달라진 지 오래다. 2022년 기준 한국 콘텐츠산업 내 매출에서 게임 분야 매출은 약 21조 1,848억 원에 달한다. 비중으로 따지면 14.3퍼센트로 방송(17.4퍼센트), 출판(16.7퍼센트), 광고(15.2퍼센트)에 이어 4위에 해당한다. 콘텐츠 수출액으로 따지면 더 놀랍다. 게임산업 수출액은 약 11조 4,761억 원으로 전체 콘텐츠 수

출액 중 67.4퍼센트를 차지했다.[11] 또 한국의 세계 게임 시장 점유율은 7.6퍼센트로 미국(22퍼센트), 중국(20.4퍼센트), 일본(10.3퍼센트)에 이어 4위를 기록했다.[12] 그러니까, 한국에서 게임은 더 이상 일부 마니아의 취미가 아니라 명실상부 대중적·세계적 산업으로 자리매김했다. 하지만 급격한 성장 때문일까? 여전히 한국 게임산업은 글로벌스탠더드는커녕 같은 게이머들조차 눈쌀 찌푸리게 하는 문제를 반복하고 있다. 바로 페미니즘 마녀사냥이다.

2023년 말 넥슨코리아가 유튜브를 통해 공개한 온라인 게임 〈메이플스토리〉의 캐릭터 홍보 영상에서 '집게손' 모양이 나왔다며 여성 노동자를 공격하고, 이미 2016년도에 사라진 '메갈'을 운운하며 페미니즘을 음해하는 사건이 있었다. 그보다 2년 전 한 편의점 프랜차이즈의 포스터를 둘러싼 논란부터 이어진 이런 손가락 타령이 왜 남성'혐오'가 아니라 페미니즘을 향한 마녀사냥의 일환인지에 대해서는 이미 수많은 이들이 이야기했다. 아니, 정말 남성의 성기 크기에 그렇게까지 관심 있는 페미니스트가 있을까? 그러기에는 성적자기결정권, 임금격차와 유리천장 등 훨씬 중요한 문제가 많다. 문제의 본질은 이러한 논란을 조장하는 이들이 있다는 것이다. 여성을 향한 성적 대상화를 지속하려는 이들, 페미니스트를 낙인찍고 사회에서 축출하려는 이들 말이다.

집게손 논란 대응을 계기로 게임업계의 반페미니즘 행태에 대한 비판이 일었을 때, 사실 처음에는 '새삼스럽게 뭘 또' 하는 느낌이 들었다. 각종 게임 커뮤니티에서 여성을 성적으로 대상화하는 이미지나, 페미니즘을 향한 조롱이 섞인 게시물을 찾는 건 어려운 일이 아니며, 페미니스트가 아니더라도 게이머라면 누구든 게임 속 여성 캐릭터가 표현되는 방식이나 여성 유저들을 향한 말들에 성차별적 요소가 있음을 모를 수 없기 때문이다.

수년째 가장 많은 인기를 끌고 있는 게임인 〈리그 오브 레전드〉 이른바 〈롤〉도 마찬가지다. 성차별은 없다고 말하는 남성 청소년들에게 〈롤〉에 등장하는 남성 캐릭터를 대보라고 하면 금세 자신이 좋아하는 캐릭터 이름이 쏟아진다. 그러면 나는 가렌, 다리우스, 루시안 등 남성 캐릭터의 몸과 옷을 살펴보게 한다. 이어서 여성 캐릭터들을 찾아보게 한다. 아리, 케이틀린, 미스포춘 등 여성 캐릭터들의 몸과 옷은 남성 캐릭터들과 확연히 다르다. 청소년들에게 직접 게임 캐릭터가 되어 전투에 나간다면 어떤 옷을 입을지 물어보면,

당연히 남성 캐릭터들의 탄탄한 갑옷이라는 답이 돌아온다. 이는 어느 장르의 게임이든 마찬가지여서 온라인 RPG 유저들에게 "여성 캐릭터의 레벨은 노출도에 비례한다"라는 말이 관용구처럼 사용될 정도다. 그러니까, 게임 내에서 여성을 향한 성적 대상화는 오래된 문제이지만, 그동안 남성 유저들이 좋아하니 어쩔 수 없다는 핑계로 비판을 피해왔다.

게이머들 사이에서도 여성혐오 문화가 만연하다. 이를테면 여성 유저들은 게임을 잘 못한다는 편견에서 비롯된 '혜지'라는 멸칭이 있다. 이는 명백한 혐오표현이지만, 여성 운전자에 대한 편견이 담긴 '김여사'처럼 게이머들 사이에서 흔하게 사용된다. 큰 죄책감 없이 보이스 채팅에 들어온 여성 유저를 향해, 혹은 성별과 상관없이 어떤 유저의 게임 실력이 서툴면, "너 혜지냐?"라고 말하며 여성 전체를 뭉뚱그려 조롱하는 식이다. 하지만 '혜지'는 게임상의 여러 여성혐오 표현 중에서 가장 온건한 편에 속한다. 그 외에도 여성 캐릭터를 성기에 빗대 표현하는 등 입에 담기도 싫은 혐오표현이 수두룩하다.

남자는 다 똑같다는 믿음은 남성에 대한 멸시다

게임 속 여성혐오에 대해서는 아무런 성찰 없이, 억지 논란으로 페미니즘 운동의 의미를 훼손하고, 여성 노동자의 일거수일투족을 감시하며 괴롭히고, 더 나아가 노동권까지 위협하는 행위가 반복되고 있다. 2023년 발생한, 모바일 게임 〈림버스 컴퍼니〉에 대한 남성 유저들의 마녀사냥이 대표적이다. 이들은 〈림버스 컴퍼니〉의 한 여성 캐릭터가 노출이 없는 해녀복을 입고 등장하자 이 캐릭터가 "별로 섹시하지 않다"라며, 즉 일러스트 작가가 이 캐릭터를 '충분히' 성적으로 대상화하지 않았다며 불만을 토로했고, 곧 일러스트 작가 '색출'에 나섰다. 그런데 정작 그 캐릭터를 작업한 것이 남성 작가였음이 드러나자, 이들은 갑자기 게임 개발에 참여한 다른 여성 작가의 SNS를 문제 삼으며 괴롭힘을 이어갔다.⑬

대체 이런 말도 안 되는 일들이 어떻게 21세기에 벌어질 수 있을까? 이는 모든 남성이 똑같은 이해관계를 바탕으로 똑같이 사고할 것이라는 말도 안 되는 인식에서 기인한다. 수많은 학교와 회사 등에서 발생한 단톡방 성희롱 사건과 수십만 명이 가담한 것으로 알려진 'N번방 사건'부터 게임업계의 페미니즘 마녀사냥까지 한국 사회의 남성연대에서 반복적으로 나타나는 것은, '남성은 여성을 성적으로 대상화하기 원하며, 페미니즘은 남성의 이해와 배치된다'는 왜곡된 인식이다. 애초에 그런 인식에 동의할 수 없는 건 물론이거니와, 수많은 남성이 '남성'이라는 집단으로 묶여서 똑같이 생각할 리 만무하다. 남성들이 이를 용납하고 답습하는 것이야말로 남성성에 대한 멸시 그 자체다.

그간 수많은 게이머가 그토록 악몽같이 여겼던 낙인과 편견을 돌이켜 보자. 게이머라면 게임을 둘러싼 사회적 편견과 여기에서 비롯된 '셧다운제'의 폐해를 기억할 것이다. 이제는 전설이 된 이른바 'PC방 폭력성 실험' 보도는 그러한 편견을 단적으로 보여주었다. 그렇다면 반대로 페미니즘과 여성을 향해 온갖 음모를 펼치며, 혐오와 폭력을 휘두르는 일부 남성 유저들의 모습, 그리고 여기에 편승하는 게임업계의 행태는 이와 얼마나 다른지 묻지 않을 수 없다. 근거 없는 편견 탓에 게이머들이 당했던 수난을 기억한다면 이제는 게임을 음지로 내모는 폭력의 연쇄를 끊어내야만 한다.

〈롤〉을 개발한 게임사 '라이엇 게임즈'는 2019년부터 「다양성과 포용 활동 연차보고서」를 발간하는 등 여러 변화를 보여주고 있으며, 국내에서도 유명 게임사 스마일게이트가 D&I실, 즉 다양성과 포용Diversity&Inclusion 부서를 운영하며 다양성과 포용성을 고려한 게임 개발에 힘쓰고 있다. 더 많은 사람이 게임을 사랑했으면 하는 바람에서 시작한 변화일 것이다. 서비스가 지속되고, 더 재미있는 콘텐츠가 계속 생산되려면 더 많은 사람이 게임에 함께할 수 있어야 하기 때문이다. 나는 분명 더 많은 게이머가 여성을 향한 성적 대상화, 차별, 폭력이라는 투명한 혐오를 거부하고 더 나은 선택을 할 수 있다고 믿는다. 게임의 즐거움을 모르는 사람들에게 당당하게 자신이 사랑하는 게임을 소개할 수 있도록 이제는 게이머들이 변해야 한다.

페미니즘을 공부하는 아저씨들

중년 남성에게도 페미니즘이 필요한 이유

더 많은 남성과 만나기 위해 교육을 주된 활동으로 삼았다. 폭력 예방교육은 법정의무교육이니까 이를 통해 더 많은 남성과 접점을 만들 수 있으리라 생각했고, 그것은 어느 정도 적중해서 정말 다양한 연령과 직종의 남성을 만나고 있다. 참 신기하게도 같은 내용으로 강의를 해도 어떤 이는 교육을 통해 새로운 세상을 알게 되었다고 기뻐하는가 하면, 어떤 이는 영 무심한 태도로 자신의 세상에서 벗어나지 못한다. 그렇지만 교육에 적극적으로 참여하는 남성들에게 한 가지 공통점이 있다는 것은 분명하다. 바로 강력한 동기다.

"어떻게 해야 딸과 싸우지 않을 수 있을까요?"

최근 성평등 교육에서 관심을 두는 집단이 있다. 바로 중년 남성, 아저씨들이다. 사실 이들은 오랫동안 강사들에게 두려움의 대상이었다. 수년간 공부하며 쌓아온 교육자의 전문성을 무시하며 권위적인 태도로 강사를 가르치려 들거나, 한번 마이크를 쥐면 놓지 않아 다른 참여자의 발언 기회를 빼앗아 난처했다는 경험담이 흔하다. 나 역시도 아저씨들이 많은 단체에서 강의할 때면 평소보다 긴장한다. 옷도 더 단정히, 말투도 더 자신 있게 하고 통계 수치 같은 숫자도 정확히 확인해서 괜히 트집 잡히지 않게 조심한다.

그런데 최근 이들에게서 변화의 가능성을 발견하고 있다. 변화의 시작은 딸을 둔 아버지들이었다. 종종 교육에 참여한 중년 남성이 머쓱해하며 묻는다. "뭔 말만 하면 딸이 자꾸 화를 내는데, 어떻게 해야 딸과 싸우지 않고 대화할 수 있을까요?" 관심의 표현으로 건넨 인사가, 무심코 던진 말이 자꾸 화를 불러 답답해하다가 찾아온 경우다. 이런 경우는 확실한 동기가 있기에 교육에도 적극적으로 참여하고 변화 가능성도 크다. 실제로 그렇게 페미니스트가 된 아빠들을 만나기도 했다. 이들은 딸의 삶을 경유해 페미니즘을 만났다.

내 자녀가 행복했으면 좋겠고, 자유롭게 꿈을 펼칠 수 있었으면 해서, 안전한 세상에 살았으면 해서 페미니즘을 공부하고 실천한다고 한다.

통계에서도 변화 가능성을 찾을 수 있다. 2021년 《한국일보》 기사에 따르면, "페미니즘·페미니스트에 거부감이 든다"라는 문항에 대해 "동의하지 않는다"라고 응답한 비율이 남성 중 가장 높은 세대가 바로 50대(40.1퍼센트)와 60대 이상(43.3퍼센트)이었다. 20대(16.4퍼센트)와 30대(18퍼센트)보다 2배가량 높은 비율이었다.[14] 혹자는 이를 두고 페미니즘을 잘 몰라서 그런다고 폄하하거나, 기득권에서 흔히 나타나는 온정적 성차별주의, 즉 불쌍하고 약한 여자들을 보호해야 한다는 주장의 일환으로 해석하기도 한다. 실제로 그럴지도 모르지만, 이 숫자에 담긴 중년 남성들을 가부장적이고 성차별적인 세상에 대한 반성으로 이끌어 갈 수도 있지 않을까? 교육에서 고민을 토로하던 아저씨의 절박함은 진심이었고, 그 절박함을 이끌어 낸 건 수많은 페미니스트의 힘이었다. 물론 변화의 과정이 순탄치 않겠지만, 분명 곳곳에서 균열이 발생하고 있다

무엇이 아저씨들을 외롭게 하는가

이런 동기마저 부족한 아저씨들은 어쩌면 좋을까? 애석하게도 세상에는 여전히 그런 아저씨들이 압도적으로 더 많다. 하지만 '아직' 변화의 필요성을 느끼지 못하는 아저씨들을 공략하는 방법이 있다. 바로 아저씨들의 외로움을 파고드는 것이다. 이상할 만큼 한국 사회는 혼자 사는 남성을 딱하게 여기며 다 큰 성인이 스스로 돌보지 못하는 것을 '홀애비 티' 낸다고 동정해 왔고, 심지어 외로운 농촌 총각을 결혼시켜야 한다며 나라가 나서서 남성의 외로움을 걱정했다.

그런데 결혼한다고 외로움이 가시냐 하면 그것도 아니어서, 각종 예능 프로그램과 영화, 드라마 속 고독한 가장의 모습은 단골 소재다. 돌이켜 생각해 보면 이상한 일이다. 경제위기는 늘 여성에게 더 치명적이었지만, 세상에는 〈아빠 힘내세요〉라는 노래가 먼저 울려 퍼졌다. 여성의 노동은 멈춘 적이 없지만, 남성이 경제적으로 가족을 부양한다는 신화는 좀처럼 깨지지 않았다. 해지고 낡은 작업복과 구두, 퇴근 후 지치고 고단한 모습을 숨기려 포장마차에서 쓴 술을 들이켜거나 식탁에 혼자 앉아 늘어난 러닝셔츠와 팬티 바람으로 늦은 식사를 하는 아저씨들의 모습에 드리운 외로움은 대체 어디에서 왔을까?

교육 때 자주 써먹는 아빠와의 일화가 있다. 가족사진을 찍으러 갔는데, 아빠가 유난히 자주 NG를 냈다. 지친 가족들이 아빠의 옆구리를 찌르며 구박하니까, 사진사님이 아빠를 위로하듯 이야기했다. "원래 중년 남성 사진 찍는 게 제일 어려워요." 민망해하는 아빠를 위로하기 위해 한 말이었겠지만, 한편으로 이 말은 중년 남성들이 처해 있는 현실을 보여준다. 해맑게 웃거나 눈물 흘리며 능숙히 감정을 표현하는 아저씨는 드물다. 그리 가부장적이거나 엄한 환경에서 자라지 않은 나도 아빠가 울거나 웃는 등 감정 표현을 하는 모습은 생소하다. 이는 그 자체로 개인에게도 큰 불행이지만, 자신의 감정 표현이 어려운 만큼 다른 사람의 감정을 파악하고 돌보기 어렵게 만드는 문제로도 이어진다.

나 역시 그랬다. 남성성을 좇고 따르던 꽤 오랜 시간 동안, 나는 슬픔을 마주할 줄 몰랐고 친밀한 관계에서도 상대가 눈물을 흘리며 감정 표현을 하면 어쩔 줄 몰라 했다. 나 때문이 아니어도 당장 그 문제를 해결해야 할 것 같아 마음 졸이다 차라리 도망치기를 선택했다. 남성들에게는 저마다의 동굴이 필요하다는 동굴 타령은 그래서 슬프다. 동굴은 자신의 약한 모습을 드러내지 못하게 만드는 남성다움이 만들어 낸 허상이다. 우리에게는 습하고 어두운 동굴로의 도피가 아니라 볕 들고 따뜻한 양지에서 문제를 터놓고 이야기할 수 있는 돌봄이 필요하다. 이 아저씨들에게도 말해주고 싶다. 그들이 호소하는 외로움은 값비싼 독주로 해결되지 않으며, 집구석에 들어와 봤자 반겨주는 건 반려동물밖에 없다고 가족에게 윽박지른들 결코 해결되지 않는다.

아저씨들이 변해야 한다

만화 등 다양한 미디어에서 자주 활용되어 굉장히 익숙한 그리스 로마 신화에서 모든 신의 으뜸으로 꼽히는 제우스에게는 비극적인 가정사가 있다. 바로 아버지 크로노스가 자식에게 권력을 빼앗길까 두려워 제우스와 형제자매를 집어삼킨 것이다. 이러한 두려움은 크로노스 그 역시 자신의 아버지인 우라노스를 거세한 역사에서 기인한다. 결국 제우스는 크로노스에게서 형제자매를 구해내고, 크로노스를 권좌에서 몰아낸다. 이 대물림되는 비극적 신화는 아버지라는 권위를 향한 두려움과, 이를 극복하고 마침내 권력을 쟁취해내는 주인공의 서사로 변주되어 다양한 이야기에 쓰인다. 대표적으로 "내가 니 애비다"라는 대사로 유명한 영화 〈스타워즈〉 시리즈가 있다. 이 서사에서 주인공에게 아버지는 갈등과 극복의 대상이다. 간혹 아버지가 존경의 대상, 혹은 성장의 동력인 경우도 있다. 성공적인 속편으로 각광받은 영화 〈탑건〉이 그렇다. 그러나 이 영화에서도 아버지는 이미 죽어서 등장하지 않는다. 그저 그 부재로 인해 주인공에게 원망과 동경의 대상이 될 뿐이다.

이런 서사들이 만들어 내는 극적인 긴장감과 재미에 빠져 있다가도, 자꾸 거세되고 사라지는 아저씨들에게 마음에 쓰인다. 그 아저씨(기성 세대)가 곧 나의 미래이기 때문이다. 가부장제라는 위계질서에서 권력을 쟁취하는 과정은 치열하고 고독하다. 기껏 권력을 획득한 이후에도 외로움은 해소되지 않고, 기성 세대는 언제 다음 세대로 대체될지 모른다는 두려움에 시달린다.

언제부터인가 배우 봉태규처럼 육아하는 아버지가, 가수 에릭 남 부자처럼 자상하면서도 친구 같은 관계가 눈에 띄기 시작했다. 예능 프로그램이나 유튜브에서도 무게를 잡으며 가르치려 들기보다는 낄낄거리며 장난치고 친근하게 다가가는 유튜버 침착맨, 영화감독 장항준 같은 아저씨들이 늘어나고 있다. 이것은 '돈 벌어다 주는 기계'라고 자조하면서도 쉽사리 놓지 못했던 가부장 권력의 문제를 직감하고, 그 고독한 굴레에서 벗어나고자 하는 일종의 생존 전략이다. 험난한 세상에서 살아남는 것, 그것도 처절하게가 아니라 더 행복하고 즐겁게 살고 싶다는 것만큼 강력하고 절박한 동기가 또 있을까? 남성들이여, 아버지들이여, 아저씨들이여 변해야 한다. 변해야 산다. 사랑받는 아저씨가 되고 싶은가? 행복한 아저씨를 꿈꾸는가? 그렇다면 기억하자. 우리가 가야 할 길은 페미니즘이다.

주

PART 1
남성과 함께하는 페미니즘

1. 사라 아메드 지음, 이경미 옮김, 『페미니스트로 살아가기』, 2017.
2. David Reby, Florence Levréro, Erik Gustafsson, Nicolas Mathevon, "Sex stereotypes influence adults' perception of babies' cries", *BMC Psychology*, 4(19), 2016. https://doi.org/10.1186/s40359-016-0123-6
3. R.W. 코넬 지음, 안상욱·현민 옮김, 『남성성/들』, 이매진, 2013.
4. 2022년 여성가족부가 발표한 「2022 통계로 보는 남녀의 삶」에 따르면, 2020년 '데이트 폭력' 신고 건수는 1만 8,945건으로 하루 평균 약 51.9건에 달한다.
5. 한국여성의전화, 「2022년 분노의 게이지: 언론 보도를 통해 본 친밀한 관계의 남성 파트너에 의한 여성살해 분석」, 2023.
6. 리베카 솔닛 지음, 김명남 옮김, 『남자들은 자꾸 나를 가르치려 든다』, 창비, 2015.
7. 최정숙, 「'20대 남성 현상' 다시 보기: 20대와 3040세대의 이념성향과 젠더의식 비교를 중심으로」, 《경제와 사회》, 125, 2020. pp. 189-224.
8. 진명선, 「페미니즘은 틀리고 페미니즘적 연애는 옳다?」, 《한겨레21》, 2019. 12. 3.
9. R.W. 코넬 지음, 안상욱·현민 옮김, 『남성성/들』, 이매진, 2013.
10. 최태섭, 『한국, 남자: 귀남이부터 군무새까지 그 곤란함의 사회사』, 은행나무, 2018.

PART 2
교실에서 만난 남성성(들)

1. 송형국, 「KBS 세대인식 집중조사③ '이대남' '이대녀'론의 실체」, 《KBS뉴스》, 2021. 6. 24.
2. 권김현영, 손희정, 박은하, 이민경, 『대한민국 넷페미史』, 나무연필, 2017.
3. 주재선, 이동선, 김효주, 송치선, 「2023년 국가성평등보고서」, 여성가족부, 2023.

4. 이혜미, 「공정하다는 착각」, 《허스펙티브》, 2021. 5. 27.
5. 조영주, 김동식, 남궁윤영, 이혜경, 「청소년 성교육 수요조사 연구: 중학생을 중심으로」, 한국여성정책연구원, 2018.
6. 최윤정, 박성정, 김은경, 김인순, 김애라, 김효경, 박민주, 「또래문화를 통해 본 청소년의 성평등 의식과 태도 연구(I): 남녀 청소년의 또래문화와 젠더의식 격차 비교」, 한국여성정책연구원, 2020.
7. 김지연, 김승경, 백혜정, 황여정, 최수정, 「2020년 청소년 매체이용 및 유해환경 실태조사」, 여성가족부, 2020.
8. 조영주, 김동식, 남궁윤영, 이혜경, 「청소년 성교육 수요조사 연구: 중학생을 중심으로」, 한국여성정책연구원, 2018.
9. 질병관리청, 「제17차 청소년건강행태조사 통계」, 2021.
10. 진명선, 「페미니즘은 틀리고 페미니즘적 연애는 옳다?」, 《한겨레21》, 2019. 12. 3.
11. 한국성폭력상담소, 「적극적 합의를 시작할 때」, 2020.

PART 3
나는 그들과 다르다는 말 대신

1. 김광현, 「피의자 신상정보공개제도의 현황·존폐·보완 검토」, 《NARS 현안분석》, 285, 국회입법조사처, 2023. 3. 30.
2. 정희진, 『페미니즘의 도전: 한국 사회 일상의 성정치학』, 교양인, 2005.
3. 통계청이 발표하는 〈경찰청범죄통계〉에 따르면 2023년 발생한 '강력범죄' 중 '강간', '유사강간', '강제추행', '기타강간, 강제추행'은 모두 2만 2,773건으로 하루 평균 약 62.4건이다.(자료갱신일: 2024. 10. 7.)
4. 2019년 4월 18일 열린 한국여성정책연구원 개원 36주년 기념 세미나 〈2019 변화하는 남성성을 분석한다〉 중 마경희 정책연구실 실장의 발표문 '변화하는 남성성과 성차별'에서 인용.
5. 이민경, 『우리에게도 계보가 있다: 외롭지 않은 페미니즘』, 봄알람, 2016.
6. 여성가족부, 「제3차 양성평등정책 기본계획(2023~2027)」, 2023.
7. 임주현, 「강압없이도 처벌…'비동의 간음죄'가 뭐길래?」, KBS뉴스, 2020. 6. 14.
8. 윤덕경, 김정혜, 천재영, 김영미, 「여성폭력 검찰 통계분석(II): 디지털 성폭력범죄, 성폭력 무고죄를 중심으로」, 한국여성정책연구원, 2019.
9. 강선민, 「성매매 사이트로 170억 챙긴 운영자, 재판서 "자랑스러운 아빠 되고 싶다"」, 《로톡뉴스》, 2022. 10. 24.

10. David Veale, Sarah Miles, Sally Bramley, Gordon Muir, John Hodsoll, "Am I normal? A systematic review and construction of nomograms for flaccid and erect penis length and circumference in up to 15521 men", *BJU International*, 115, 2015, pp. 978-986.

11. David A Frederick, H Kate St John, Justin R Garcia, Elisabeth A Lloyd, "Differences in Orgasm Frequency Among Gay, Lesbian, Bisexual, and Heterosexual Men and Women in a U.S. National Sample", *Archives of Sexual Behavior*, 47(1), 2018, pp. 273-288.

PART 4
가장 불공정한 노동

1. 아티초크 편집부 엮음, 『부엌 청소로 오르가즘을 느끼는 여자는 없다: 함께, 지혜롭게, 뜨겁게 진보하는 페미니즘 어록 150선』, 아티초크, 2018.

2. 통계청, '맞벌이·외벌이 가구별 평균시간', 「생활시간조사」, 2019. (자료갱신일: 2020. 7. 30.)

3. 보건복지부, 「2024년 고독사 사망자 실태조사 결과 발표」, 2024. 10. 17.

4. 고용노동부, 「최근 5년간 출생아 수 감소에도 일·육아지원제도 사용자능 증가 추세」, 2024. 2. 25.

5. 2021년 9월 30일 열린 〈성·재생산 건강과 권리 보장 기본법 제정을 위한 토론회〉 중 이화여자대학교 여성학과 김선혜 교수가 '저출생 시대 성·재생산 건강과 권리 보장의 정책적 방향'이라는 제목으로 발제한 내용에서 인용.

6. 박한선, 「인간이 겪는 최고의 고통, 출산은 어떻게 진화했나」, 《동아사이언스》, 2019. 11. 23.

7. 박소영, 「콘돔 사용률, 10년만에 3분의 1 토막났다」, 《한국일보》, 2017. 9. 29.

8. 질병관리청 국립보건연구원, 「수치로 보는 여성 건강 2023」, 2023.

9. 질병관리청, 「2022 국민건강통계」, 2023.

10. 질병관리청, 「2023년 사망원인통계」, 2024.

11. WHO 웹사이트, https://www.who.int/health-topics/self-care#tab=tab_1

12. Armin Brott, Adam Dougherty, Scott T Williams, Janet H Matope, Ana Fadich, Muguleta Taddelle, "The economic burden shouldered by public and private entities as a consequence of health disparities between men and women", *American Journal of Men's Health*, 5(6), 2011, pp. 528-539.

13. 여성가족부, 「2024 통계로 보는 남녀의 삶」, 2024.

14. Peter Baker "The gender agenda: WHO Europe's new men's health strategy", *Health Europa*, 2018. 10. 22.

15. 헤즈업가이즈 웹사이트, https://headsupguys.org
16. 김도연, 김윤정, 김혜진, 오경원, 「우리나라 성인의 체질량지수 분류에 따른 체중감소 시도율 및 관련요인, 2013-2021년」, 《주간 건강과 질병》, 질병관리청, 2023.
17. 마이클 코프먼 지음, 이다희 옮김, 『남성은 여성에 대한 전쟁을 멈출 수 있다: 젠더 평등은 우리 삶을 어떻게 바꿀까』, 바다출판사, 2019.
18. Ansuk Jeong, Dongwook Shin, Jong Hyock Park, Keeho Park, "What We Talk about When We Talk about Caregiving: The Distribution of Roles in Cancer Patient Caregiving in a Family-Oriented Culture", *Cancer Research and Treatment*, 51(1), 2019, pp. 141-149.
19. 김혜지, 박종선, 「비혼 동거에 대한 인식」, 《한국리서치 주간 리포트: 여론 속의 여론》, 168(1), 2022.
20. 최인영, 「여성, 연애·결혼·출산의향 남성보다 낮아…비연애 상태에 만족」, 《연합뉴스》, 2022. 9. 27.
21. 김희경, 『에이징 솔로: 혼자를 선택한 사람들은 어떻게 나이 드는가』, 동아시아, 2023.

PART 5
구시대의 마지막 목격자

1. IPU Parline, "Monthly ranking of women in national parliaments: Ranking as of 1st November 2024", https://data.ipu.org/women-ranking/?date_month=11&date_year=2024 (열람: 2024. 12. 3.)
2. 여성가족부, 「2024 통계로 보는 남녀의 삶」, 2024.
3. 정해훈, 정윤영, 「사법부 '유리천장 여전'…법원장급 여성 비율 10명 중 1명도 안 돼」, 《아주경제》, 2023. 10. 23.
4. 마이클 코프먼 지음, 이다희 옮김, 『남성은 여성에 대한 전쟁을 멈출 수 있다: 젠더 평등은 우리 삶을 어떻게 바꿀까』, 바다출판사, 2019.
5. 이승준, 「사과 없는 용산구청장 "할 수 있는 역할은 다 했다"」, 《한겨레》, 2022. 11. 1.
6. 김경호, 「"통역 책임은?"...이태원 참사 외신 간담회서 웃으며 '말장난' 한 총리」, 《세계일보》, 2022. 11. 2.
7. 스베틀라나 알렉시예비치 지음, 박은정 옮김, 『전쟁은 여자의 얼굴을 하지 않았다』, 문학동네, 2015.
8. 권김현영, 『다시는 그전으로 돌아가지 않을 것이다: 진화하는 페미니즘』, 휴머니스트, 2019.

9. 한예섭, 「기독교 행사는 '공익'? 퀴어퍼레이드 '불허'한 서울시, 콘서트는 '허가'」, 《프레시안》, 2023. 5. 4.

10. 이동한, 이소연, 「2024 성소수자인식조사: 성소수자에 대한 나, 그리고 우리 사회의 포용 수준」, 《한국리서치 주간 리포트: 여론 속의 여론》, 297(1), 2024.

11. 한국콘텐츠진흥원, 「2022년 하반기 및 연간 콘텐츠산업 동향분석 보고서」, 2023.

12. 한국콘텐츠진흥원, 「2022 대한민국 게임백서」, 2023

13. 유선희, 「여성 작가에 게임 유저는 "페미" 낙인찍고 회사는 찍어내고…'디지털 마녀사냥'」, 《경향신문》, 2023. 9. 18.

14. 이혜미, 「억울한 남성들이 온다」, 《허스펙티브》, 2021. 6. 24.

남성과 함께하는 페미니즘

페미니즘은 어떻게 남성성의 대안이 되는가

ⓒ이한, 2025. Printed in Seoul, Korea

초판 1쇄 찍은날 2025년 2월 18일
초판 1쇄 펴낸날 2025년 3월 4일

지은이 이한
펴낸이 한성봉
편집 최창문·이종석·오시경·이동현·김선형
콘텐츠제작 안상준
디자인 최세정
마케팅 박신용·오주형·박민지·이예지
경영지원 국지연·송인경
펴낸곳 도서출판 동아시아
등록 1998년 3월 5일 제1998-000243호
주소 서울시 중구 필동로8길 73 [예장동 1-42] 동아시아빌딩
페이스북 www.facebook.com/dongasiabooks
전자우편 dongasiabook@naver.com
블로그 blog.naver.com/dongasiabook
인스타그램 www.instargram.com/dongasiabook
전화 02) 757-9724, 5
팩스 02) 757-9726

ISBN 978-89-6262-650-6 03300

※ 잘못된 책은 구입하신 서점에서 바꿔드립니다.

만든 사람들
책임편집 오시경
디자인 onmypaper
크로스교열 안상준